Hans Bethge

Otto von Bismarck

Hans Bethge

Otto von Bismarck

Anekdoten aus seinem Leben

Anaconda

Der Text folgt der Ausgabe Hans Bethge: *Der Kanzler. Hundert kleine Geschichten um Otto von Bismarck.* Frundsberg-Verlag, Berlin 1941. Orthografie und Interpunktion wurden auf neue Rechtschreibung umgestellt.

MIX
Papier aus verantwortungsvollen Quellen
FSC® C014496

Penguin Random House Verlagsgruppe FSC® N001967

Die Deutsche Nationalbibliothek verzeichnet diese Publikation in der Deutschen Nationalbibliographie; detaillierte bibliographische Daten sind im Internet unter http://dnb.d-nb.de abrufbar.

Umschlagmotiv: Otto von Bismarck (1815–1898), Radierung nach einem Foto von Loescher & Petsch, Berlin, Bridgeman Images
Umschlaggestaltung: www.katjaholst.de
Satz und Layout: InterMedia – Lemke e. K., Heiligenhaus
Druck und Bindung: GGP Media GmbH, Pößneck
ISBN 978-3-7306-0966-8
www.anacondaverlag.de

Inhaltsverzeichnis

Ich liebe die großen Bäume,
das sind Ahnen.

Die Geburtsanzeige

Entbindung.

Die gestern erfolgte glückliche Entbindung meiner Frau von einem gesunden Sohne verfehle ich nicht allen Verwandten und Freunden, unter Verbittung des Glückwunsches, bekannt zu machen.

Schönhausen, den 2ten April 1815.

Ferdinand von Bismarck.

Das Kind

In Bismarcks Kindheit gaben die Eltern einmal auf ihrem pommerschen Gut Kniephof ein großes Abendessen mit Ball. Da man zu Tisch ging, suchte sich das Kind einen Platz an einem entlegenen Tisch, wo einige Herren saßen. Diese waren verwundert über den kleinen Gast in ihrer Mitte und unterhielten sich französisch über ihn.

»*C'est peut-être un fils ou une fille de la maison*«, sagte jemand.

Da erwiderte der Kleine zum Erstaunen der Herren klar und deutlich und mit einem unverhohlenen Vorwurf in der Stimme:

»*C'est un fils, monsieur!*«

Der Knabe

Im Park von Schönhausen ragt eine alte Sandsteinfigur, ein Herkules, der sich mit der rechten Hand auf die Keule stützt. Die linke Hand soll nach dem Willen des Bildhauers offenbar auf der Hüfte ruhen, doch ist es dem Künstler geschehen, dass sie zu weit nach hinten dargestellt ist, sodass man eher sagen kann, sie ruht auf dem Gesäß.

Als der junge Bismarck im Alter von vierzehn Jahren einmal auf Ferien zu Hause war, schleuderte er mit der Flinte durch den Park, um Kaninchen zu schießen. Beim Anblick der Herkules-Statue juckte ihn der Übermut, er hob die Flinte und jagte dem steinernen Halbgott eine Schrotladung ins Gesäß.

Am nächsten Tage machte der Jüngling mit dem Vater einen Spaziergang durch den Park. Der Vater nahm erstaunt und ärgerlich die Veränderung an der Plastik wahr und fragte seinen Sohn mit verhaltenem Zorn, ob er diese Dummheit begangen habe.

Der junge Bismarck, der nicht zu lügen pflegte, gestand sein Attentat sofort, war aber bereits Diplomat genug, um sein Geständnis in eine Form zu kleiden, die den Vater entwaffnete.

»Ja«, sagte er, »ich habe es aus reinem Übermut getan, Vater, da ich den großen Podex so komisch fand. Hätte ich freilich gewusst, dass ich dem Mann wehe tun würde, so hätte ich es unterlassen. Gleich nach dem Schuss hat er vor Schmerz mit seiner linken Hand nach hinten gefasst, da ist sie dann geblieben …«

Der Vater lachte, der Sohn stimmte ein, und die verstümmelte Statue steht noch heute so im Park von Schönhausen.

Gegen das Fieber

Während der Studienzeit in Göttingen erkrankte Bismarck an einer grippeartigen Erkältung mit Fieber, und der herzugerufene Arzt verordnete ihm Chinin. Nun hatte der Student am gleichen Tage gerade eine Kiste ausgezeichneter Schlackwurst und Gänsebrust aus der Heimat bekommen, und sein Appetit stand viel mehr auf diese guten Dinge als auf die üble Medizin. Er machte sich also ans Werk, die heimatlichen Delikatesten mundeten ihm vortrefflich, und höchst befriedigt legte er sich zu Bett.

Als der Arzt am nächsten Tage erschien, begrüßte ihn Bismarck fröhlich mit den Worten:

»Es geht mir ausgezeichnet, Herr Doktor!«

»Ja, das Chinin«, sagte der Arzt, »es ist ein hervorragendes Mittel.«

»Diesmal ist das Chinin unschuldig«, meinte Bismarck lachend und wies auf die pommerschen Herrlichkeiten, die auf dem Tische standen, »wollen Sie nicht auch eine Portion Spickgans, Herr Doktor?«

Entschuldigung

Als Student in Göttingen nannte Bismarck einen seiner Kommilitonen, der ein aufreizendes Benehmen zeigte, einen dummen Jungen. Der Beleidigte schickte zu ihm und forderte ihn auf, sich zu entschuldigen. Bismarck entgegnete:

»Gern. Es war in keiner Weise meine Absicht, den Herrn beleidigen zu wollen, als ich ihn einen dummen Jungen nannte. Ich habe damit nur meine ehrliche Überzeugung zum Ausdruck bringen wollen.«

Natürlich kam es zum Zweikampf.

Gestörtes Vergnügen

In einem als Kampfstätte für studentische Mensuren bekannten Dorf bei Göttingen erschien eines Vormittags der Pedell, um nach dem Rechten zu sehen, denn die scharfen Mensuren waren verboten. Studiosus Bismarck befand sich gerade mitten im schönsten Schlagen, sein Gegner blutete bereits, da trat plötzlich der Kommilitone, der draußen Ausschau hielt, in den Saal und meldete mit lauter Stimme das Nahen des gefürchteten Pedellen. Schnell führte man die beiden Gegner hinaus und sperrte sie in einen Hühnerstall. Bismarck hatte ein Stück Kreide in der Tasche, er holte es heraus, und während das Blut seines Gegners zu Boden sickerte, schrieb er an die Stalltür:

›Raum ist in der kleinsten Hütte für ein glücklich liebend Paar.‹

Kleines Abenteuer

Als Bismarck in Berlin studierte, bat ihn ein Studiengenosse, dessen Mutter Schwedin war, um einen Freundschaftsdienst. Der Sohn der Schwedin war nämlich gerade mit den Vorbereitungen zum nahe bevorstehenden Examen nachdrücklich beschäftigt, und so war es ihm nicht möglich, seiner schwedischen Kusine, die auf der Durchreise einige Tage in Berlin verbringen wollte, die Stadt zu zeigen und ihr als Begleiter zu dienen. Bismarck versprach das Amt des Fremdenführers zu übernehmen und lernte in der jungen Schwedin ein ebenso anmutiges wie liebenswürdiges Mädchen kennen, das natürlich immer glaubte, in Bismarck ihren ›deutschen Vetter‹ vor sich zu haben. Die beiden verbrachten zusammen drei angenehme Tage, besuchten die meisten Museen, streiften durch die Stadt, flirteten, und das schwedische Fräulein war ganz stolz auf ihren großen, gut aussehenden, blitzäugigen Verwandten, der sich als ein Kavalier von bestem Stil erwies.

Als es zur Trennung vor der Postkutsche kam, sagte der junge Bismarck:

»Liebe Kusine, ich muss Ihnen ein Geständnis machen. Ich bin nämlich gar nicht Ihr ›deutscher Vetter‹ –, der konnte sich Ihnen zu seinem Bedauern nicht zur Verfügung stellen, da er in den nächsten Tagen ein Examen zu bestehen hat und daher stark durch Arbeiten in Anspruch genommen ist. Mein Name ist Otto von Bismarck.«

Die junge Schwedin staunte, zu vielen Worten hatte sie nicht mehr Gelegenheit, denn die Postkutsche setzte sich in Bewegung, der sympathische Kavalier entschwand ihren Blicken, und das kleine Abenteuer war zu Ende.

Nach Jahrzehnten, als Bismarck Fürst und Reichskanzler war, kam die schwedische Dame wieder einmal nach Berlin. Sie meldete sich bei ihrem ›deutschen Vetter‹ und bekam eine Einladung in die

Wilhelmstraße. Die beiden führten ein lebhaftes und heiteres Gespräch, der Kanzler war bei strahlender Laune.

»Ihnen habe ich es zu danken«, sagte er während der Unterhaltung, »dass ich dazu gekommen bin, die Berliner Museen kennenzulernen; seitdem habe ich ihre Räume nicht wiedergesehen.«

Übermut

Bismarck war als Auskultator am Stadtgericht zu Berlin beschäftigt. Eines Tages hatte er wieder einmal das Protokoll irgendeines kleinen Prozesses zu führen. Während der Verhandlung wurde der Angeklagte grob und fuhr den Kläger an.

Bismarck sagte energisch:

»Wenn Sie sich nicht anständig benehmen, werfe ich Sie hinaus!«

Der Vorsitzende Stadtgerichtsrat wies Bismarck zurecht, indem er sagte:

»Herr Auskultator, das Hinauswerfen besorge ich.«

Der Prozess ging weiter, und es dauerte nicht lange, da geriet der Angeklagte von Neuem in Wut und schrie mit verdoppelter Kraft auf den Kläger los.

Bismarck erhob sich und rief:

»Herr, wenn Sie sich nicht endlich mäßigen, lasse ich Sie durch den Herrn Stadtgerichtsrat hinauswerfen!«

Empörung

Der russische Gesandte in Berlin gab zuweilen angenehme, ziemlich ungezwungene Bälle, auf denen es lustig zuging und wo man mit hübschen Mädchen tanzen konnte. Der junge Bismarck war mit einigen seiner Freunde mehrfach dort, doch ärgerten sich die jungen Leute darüber, dass es auf diesen Festen wohl allerlei zu trinken, aber nichts zu essen gab. Sie beschlossen daher, dem russischen Gesandten einen Schabernack zu spielen. Eines Abends, als die Zeit schon ziemlich vorgerückt war, holten Bismarck und seine Kommilitonen große Butterbrote aus den Taschen, verzehrten sie mit sichtbarem Appetit, knüllten die Papiere zusammen und warfen sie aufs Parkett.

Es war ein kleiner Skandal.

Allerdings mit erfreulichen Folgen, denn von da ab gab es auf den Bällen des russischen Gesandten immer etwas Anständiges zu essen.

Nur schade, dass Bismarck und seine Freunde nichts davon merkten, denn sie wurden nie wieder eingeladen.

Gewaltkur

Bismarck hasste schon in jungen Jahren die Unpünktlichkeit –, er selbst war immer pünktlich auf die Minute.

Als Auskultator in Berlin ließ er seine Stiefel bei einem Schuhmacher in der Kronenstraße arbeiten, einem als Handwerker tüchtigen, aber ausgesprochen unzuverlässigen Menschen, der den festgesetzten Termin niemals innehielt. Einmal übertrieb der Mann seine Unpünktlichkeit in so ärgerlicher Weise, dass dem jungen Bismarck die Galle überlief. Er fand das richtige Mittel, den Herrn Schuhmachermeister zu kurieren.

Er schickte nämlich, da er die längst versprochenen Stiefel trotz energischen Drängens nicht bekommen konnte, des Morgens um sechs Uhr einen Boten in die Kronenstraße und ließ aufragen, ob die Stiefel für Herrn von Bismarck fertig wären. Der Schuster verneinte, der Bote ging. Nach zehn Minuten erschien ein neuer Bote mit der gleichen Frage, zehn Minuten später der dritte. Und so ging es weiter ohne Aufhören, den ganzen Vormittag und den ganzen Nachmittag; dem Schuhmacher taumelten allmählich die Sinne, alle zehn Minuten, unbarmherzig, erschien ein anderer Bote des Herrn von Bismarck mit der ewig gleichen Frage … bis am Abend die Stiefel fix und fertig waren.

Bismarck hatte durch die rücksichtslose Anwendung einer Gewaltkur seinen Willen durchgesetzt. Er hatte sich dadurch einen Schuhmacher erzogen, dessen Pünktlichkeit in Zukunft über jedem Tadel erhaben war.

Vom Urlaub zurück

Bismarck hatte während seiner kurzen Tätigkeit als Referendar in Potsdam einen Regierungsrat zum Vorgesetzten, der durch sein unfreundliches Wesen bekannt war und mit dem er auf schlechtem Fuße stand. Als der junge Referendar eines Tages von einem Urlaub zurückgekehrt war, ging er wie üblich zu dem Vorgesetzten, um sich zu melden. Dieser blieb, als der Ankömmling ins Zimmer trat, am Schreibtisch sitzen und machte, als sei er mit einer besonders wichtigen Arbeit beschäftigt, eifrig Randbemerkungen in seinen Akten, kurz er tat zu Bismarcks Ärger, als bemerke er den jungen Berufsgenossen gar nicht. Endlich stand der Herr Regierungsrat auf, stellte sich an eines der Fenster und trommelte nervös mit den Fingern gegen die Scheiben.

Der Referendar, gereizt durch das Benehmen des andern, trat ebenso an ein Fenster und trommelte gleichfalls mit den Fingern. Während dieser Tätigkeit blickte er einmal zu dem Vorgesetzten hinüber und sagte ruhig, wie nebenbei:

»Herr Regierungsrat, ich melde mich vom Urlaub zurück.«

Natürlich gab es ein Gewitter mit Donner und Blitz. Dann folgte eine Auseinandersetzung, in deren Verlauf Bismarck mit Nachdruck betonte, dass, wenn er sich vom Urlaub zurückmelde, er von seinem Vorgesetzten als Jurist und gebildeter Mensch behandelt zu werden wünsche, aber nicht als Hausknecht.

Schneller Entschluss

Von der Referendarstelle in Potsdam, die Bismarck wie alle bürokratischen Beschäftigungen als höchst unangenehm empfand, wurde er schnell und mit eigenem Willen wieder befreit.

Er begab sich eines Tages zu dem vorgesetzten Regierungsrat, um von diesem einige Tage Urlaub zu erbitten. Der Vorgesetzte ließ den jungen Referendar eine Stunde im Vorzimmer warten. In Bismarck, der schon in frühen Jahren nichts schwerer ertrug als persönliche Zurücksetzung, kochte es. Als er dann endlich vorgelassen wurde, sagte er zu dem staunenden Vorgesetzten kurz und bündig:

»Ich war gekommen, um Sie um einen kurzen Urlaub zu bitten. Während dieser langen Stunde des Wartens habe ich Zeit genug gehabt, es mir anders zu überlegen. Ich bitte um meine Entlassung.«

Austern

Bismarck war sein Lebtag ein Freund von französischem Sekt und von Austern. Als er sich mit sechsundzwanzig Jahren, von einem Ausflug nach England heimkehrend, in Lüttich befand, hat er im Austernessen den Rekord seines Lebens geschlagen. Er bestellte zunächst 25 Stück und fand sie so hervorragend, dass er nochmals 50 anforderte. Nun war er in Geschmack gekommen und er beschloss, überhaupt nichts anderes mehr zu essen als Austern. Er ließ also, nachdem die Bedenken des Oberkellners beschwichtigt waren, gleich eine Schüssel mit 100 Stück auftischen und hat sie alle bis zur letzten mit französischem Sekt hinuntergespült, im Ganzen 175 an der Zahl.

Der Wirt war in Heller Verzweiflung, und die Gäste, die später eintrafen, mussten zu ihrem Kummer leer ausgehen.

Der tolle Bismarck

Der lodernde Sturm und Drang, der über den jungen Bismarck kam, spielte sich zu jener Zeit ab, als er das pommersche Familiengut Kniephof bewirtschaftete. Er übernahm es mit vierundzwanzig Jahren. Kniephof war wirtschaftlich stark in Gefahr, er hat es durch eine sehr energische Zügelführung wieder hoch zu bringen verstanden. Im Übrigen führte er dort ein wahrhaft selbstherrliches Junkerleben, zusammen mit den Gutsbesitzern der Umgegend und den jungen Offizieren der nächsten Garnison. Man geht eifrig auf Jagd, wobei man nicht vergisst, neben einem guten Frühstück einen guten Rotwein mitzunehmen, es wird flott getanzt, es gibt übermütige Gelage mit übermütigen Reden, dazu kommen höchst verwegene Ritte auf dem treuen Braunen Kaleb. Auf den Zechgelagen trinkt man mit Vorliebe aus großen Humpen ein Gemisch von Sekt und Porter, das Bismarck auch später liebte und das charakteristisch für den Grundzug seines Wesens ist, denn es enthält das Spritzige, Hellsichtige, Fluktuierende seines Geistes neben seiner norddeutschen Schwere. Aus jenen bewegten Tagen eines ungestümen Daseins quoll eine noch nicht in feste Bahnen gelenkte Sehnsucht nach genialischen Taten und fortreißendem Erleben.

Sein Ruf in der Umgegend war bald so trostlos wie nur denkbar, und die merkwürdigsten Legenden entstanden um ihn. Die Bauern erzählten sich, der ›tolle Bismarck‹ habe mit einigen seiner Kumpane in einem öffentlichen Lokal gesessen und Reden gegen den König geführt, der mit am Tisch gewesen wäre, aber unerkannt. Schließlich, als es dem König zu bunt wurde, wäre er aufgestanden, hätte den Mantel auseinandergeschlagen und den Stern auf seiner Brust gezeigt. Nun wären die andern vor Schreck zusammengefahren, der Kniephofer aber hätte sich nicht darum gekümmert und hätte den König grob behandelt. Darauf hätte er zehn Jahre Gefängnis bekommen und dürfte sich nicht rasieren. Bismarck trug damals einen Vollbart, und es hieß, jedes Jahr in der Silvesternacht käme der Scharfrichter, um ihm den Bart abzunehmen …

Solche und ähnliche fantastische Geschichten liefen unter den Bauern um, hier aber sei ein kleines, für jene drangvollen, ungehemmten Tage bezeichnendes Geschehnis erzählt, das auf Wahrheit beruht.

Zwei seiner Freunde wollten nach der Kreisstadt Naugard fahren. Als sie über Kniephof kamen, fiel die Dunkelheit ein, und sie fragten bei Bismarck an, ob sie bei ihm übernachten dürften. Natürlich durften sie das. Bismarck teilte ihnen mit, dass er allerdings am nächsten Morgen schon um sieben Uhr selbst nach Naugard fahren müsse, wo er auf dem Gericht zu tun habe. Die beiden Ankömmlinge sagten, dann könnte er sich ihnen anschließen, es sei Platz genug im Wagen, sodass er für sich gar nicht anspannen zu lassen brauche.

»Gut«, erwiderte Bismarck, »ich werde Euch pünktlich um sechs Uhr wecken.«

Nun wurde ein kraftvolles Zechgelage in Szene gesetzt, es gab wieder einmal Sekt mit Porter, und Worte von großartigem Überschwang verströmten in die bacchantisch erregte Atmosphäre. Bald nach Mitternacht begab man sich in einem Zustand seliger Verklärung zur Ruhe.

Der eine der beiden Gäste meinte zu seinem Begleiter:

»Morgen früh um sechs soll ich aufstehen? Ich denke gar nicht daran. Es ist auch wirklich nicht nötig, dass wir mit ihm zusammen nach Naugard fahren. Mag er wecken, so viel er will, ich bleibe liegen. Komm, hilf mir die Kommode vor die Zimmertür schieben.«

Sie rückten mit aller Kraft, wenn auch leicht taumelnd, eine alte, schwerfällige Barockkommode vor die Tür, dann gingen sie schlafen.

Am nächsten Morgen kurz vor sechs Uhr kam der Hausherr nach oben und klopfte an das Fremdenzimmer. Nichts regte sich. Er klopfte energischer, umsonst. Nun trat er mit Wucht die Tür ein, konnte aber nicht ins Zimmer gelangen, da die dicke Kommode nicht nachgab. Er ging also wieder hinunter, und die beiden schlafsüchtigen Gäste triumphierten schon, dass er ohne Erfolg wieder abgezogen war.

Aber es kam anders als sie dachten. Kaum hatten sie sich wieder auf die Seite gelegt, da krachten plötzlich kurz nacheinander zwei Schüsse, die Scherben der Fensterscheiben klirrten zu Boden, und von der Decke flog der Kalk auf die Ruhenden. Sie sprangen entsetzt aus den Betten, der eine nahm schnell seinen Stock, band ein Handtuch daran und hing die improvisierte Friedensfahne zum Fenster hinaus …

Als dann die beiden, nach schnell beendetem Anzug, hinunterkamen, empfing sie der Kniephofer mit Lachen:

»Ihr seid pünktliche Leute, das muss ich sagen –, Ihr seid genau um sechs Uhr aufgestanden. Ich danke Euch!«

Dann setzte man sich mit gutem Appetit an den reich gedeckten Frühstückstisch, und Bismarck hielt es nicht für nötig, auch nur mit einem Wort auf die sonderbare Schießübung zurückzukommen.

Der Lebensretter

Im Sommer 1842 machte Bismarck als Landwehroffizier eine Übung bei den Ulanen in Stargard. Eines Tages stand er mit anderen Offizieren plaudernd auf einer Holzbrücke, die über einen Arm des Lippehner Sees führte, und sah den Mannschaften zu, die ihre Pferde zur Schwemme ins Wasser ritten. Unter ihnen befand sich Bismarcks Reitknecht Hildebrand, ein Sohn seines Försters. Der Ulan hatte Unglück, denn das Pferd, auf dem er saß, verlor den Boden, überschlug sich, und Hildebrand, der nicht schwimmen konnte, verschwand im Wasser. Bismarck warf schnell Uniform und Säbel ab, sprang kopfüber von der Brücke in den See und bekam den Reitknecht zu fassen. Dieser klammerte sich nun an seinen Retter mit so krampfhaften Bewegungen fest, dass Bismarck gezwungen war, zunächst auf Grund zu gehen, um dann mit dem ohnmächtigen Mann wieder emporzutauchen. Er zog den Erschöpften an Land, und es dauerte nicht lange, da öffneten sich die Augen des Halbertrunkenen wieder dem Leben zu.

Bismarck erhielt die Medaille ›für Rettung aus Gefahr‹. Als diese noch sein einziger Schmuck auf der Brust war, fragte ihn eines Tages ein mit Ordenssternen reichlich dekorierter Diplomat etwas geringschätzig, was denn das für eine Medaille an dem gelben Bande sei.

»Ich habe die Gewohnheit, zuweilen einem Menschen das Leben zu retten«, erwiderte Bismarck mit ernst verweisendem Blick.

Der Deichhauptmann

Im Jahre 1845 siedelte Bismarck von seinem Gute Kniephof in Pommern nach dem Sitz seiner Väter Schönhausen in der Altmark über und wurde Deichhauptmann.

Er hielt es für dringend nötig, dass ein neuer Deich angelegt würde, und rief die Bauern in den Saal des Wirtshauses zusammen, damit sie sich einverstanden erklärten, dass der Deich durch ihre Äcker und Wiesen gehe.

Die Bauern kamen und saßen in dem Saal laut schwatzend beieinander. Als Bismarck eintrat, in Offiziersuniform, umtoste ihn ein Höllenlärm, der über dem Für und Wider des Planes entstanden war. Der Junker zog den Mantel aus und schnallte den Pallasch ab. Er hörte eine Weile schweigend zu, dann nahm er den Pallasch, hieb damit kräftig auf den Tisch, dass es krachte –, und nun trat Stille ein.

»Holt ji endlich das Muhl, jetzt wull ick reden!«

Die Bauern blickten den Riesen mit wenig freundlichen Augen an und hörten zu, was er sagte. Er setzte ihnen auseinander, dass der neue Deich unbedingt erforderlich sei, weil der alte schwere Schäden zeige und im nächsten Frühling leicht ein Dammbruch eintreten könnte, zu unabsehbarem Unheil für das ganze Land. Es sei notwendig, das für den neuen Damm erforderliche Stück Land herauszugeben, es geschehe zum Wohle aller. Nun ließ er durch den Geometer, den er mitgebracht hatte, die Akten vorlesen und forderte die Bauern zur Unterschrift auf.

Alles blieb regungslos, nicht ein Räuspern erklang, nur ein alter Bauer erhob sich endlich und sagte mit gedehnter Stimme:

»Sie können schon recht hebben, Herr Deichhauptmann, aber unnerschrewen tu ick nich.«

Bismarck lächelte mit einem Ausdruck, als habe er das vorausgeahnt, winkte seinem Burschen, flüsterte ihm etwas ins Ohr, darauf begab sich der Bursche zur Tür, schloss sie ab und reichte Bismarck den Schlüssel.

Die Bauern sahen einander verwundert an –, »Wat soll denn dat bedeuten?«, murrten sie.

»Das soll bedeuten, dass Ihr den Saal nicht eher verlasst, als bis Ihr unterschrieben habt!«, rief Bismarck mit fester Stimme.

Die Bauern blieben sitzen, zur Unterschrift erklärte sich niemand bereit. Der Deichhauptmann zündete sich gemütlich eine Zigarre an, entfaltete eine Zeitung und vertiefte sich in sie. Eine Stunde verging, die Bauern besprachen sich mit gedämpfter Stimme, Bismarck tat, als interessiere ihn das nicht. Er ließ sich durch den Burschen ein Frühstück bringen, Brot, Butter, Schinken und Eier, aß mit gutem Appetit und trank sein Bier dazu. Die Bauern sahen neidisch zu, doch wagte keiner etwas zu bestellen, denn sie ahnten schon, dass der Deichhauptmann es nicht gestatten würde. Dieser Mann wollte nur eines von ihnen: die Unterschrift. Nachdem Bismarck sein reichliches Frühstück beendet hatte, ließ er die Akten wieder vor sich hinlegen und wartete schweigend, die Zigarre zwischen den Lippen.

Endlich erhob sich ein Bauer, dem der Magen knurrte, und sagte: »Ick möchte woll unnerschrewen, Herr Deichhauptmann, aber …«

»Kein Aber!«, erwiderte Bismarck und reichte ihm die Feder, »unterschreiben Sie!«

Die Worte waren so energisch gesprochen, dass der Bauer die Feder nahm und ohne Einwendungen unterzeichnete. Nun war der Bann gebrochen, einer nach dem andern von den schwerfälligen Leuten erhob sich, trat vor Bismarck hin und unterschrieb.

Als alle ihren Namenszug gegeben hatten, öffnete der Bursche auf einen Wink des Deichhauptmanns die Tür, und die Bauern strömten mit wirren Köpfen hinaus …

»Dat 's 'n Düwelskerl!«, rannten sie.

Energische Drohung

Kurz nach den Tagen des Aufruhrs im März 1848 trat der Abgeordnete des Vereinigten Landtags Georg von Vincke während einer Sitzung an den Abgeordneten von Bismarck heran und sagte:

»Sie, Herr von Bismarck, sind Führer der Rechten, ich der Linken. Es scheint mir das Beste, wenn eine Verständigung zwischen uns zustande kommt, damit der Ablauf dieser ernsten Geschehnisse sich nicht komplizierter gestaltet als nötig ist. Der Landtag muss zu einer Einigung gelangen. Die Gefahr ist groß, wir müssen energisch und kompromisslos handeln, es gilt das Vaterland zu retten. Es gibt meines Erachtens nur noch einen Weg zur Rettung, und ich bin gewillt ihn zu beschreiten. Ich werde daher heute drei Anträge stellen. Erstens: König Friedrich Wilhelm IV. wird der Regierung für verlustig erklärt. Zweitens: Prinz Wilhelm von Preußen wird für unfähig erklärt, sie zu übernehmen. Drittens: Prinz Friedrich Wilhelm übernimmt die Regierung unter Leitung eines Ausschusses des Vereinigten Landtags bis zu seiner Volljährigkeit. Sind Sie einverstanden?«

Bismarck glaubte nicht recht zu hören, er sah den Sprecher mit zermalmendem Blick von oben bis unten an, dann sagte er:

»Ihre Offenheit ist bewunderungswürdig, sie zwingt mich ebenso offen zu sein. Falls Sie diese Anträge wirklich stellen, werde ich zunächst versuchen, Sie als Hochverräter festnehmen zu lassen. Ist das, wie ich befürchte, nicht mehr möglich, so schieße ich Ihnen auf der Tribüne eine Kugel durch den Kopf. Den Revolver habe ich bei mir.«

Herr von Vincke hat es nach dieser Unterredung nicht für ratsam befunden, die beabsichtigten Anträge einzubringen.

Die Nelke

Nach den Tagen des unterdrückten Aufstandes von 1848 hatten die Offiziere in Deutschland keinen leichten Stand, sie wurden vielfach bespöttelt oder gar beleidigt. Bismarck reiste eines Tages in einem Wagen zweiter Klasse von Schönhausen nach Berlin, das Abteil war ziemlich besetzt, außer ihm war da ein Oberstleutnant und einige Herren in Zivil. Unter diesen befand sich ein junger politisierender Geschäftsreisender, der das große Wort führte und in versteckter Weise mehrmals die Lauge seines Spottes über den ergrauten Offizier ergoss, der still in einer Zeitung las und so tat, als höre er den Schwätzer nicht.

Auf Bismarck wirkte der junge Handelsreisende aufreizend. Er sah den Frechling ein paarmal mit strafenden Augen an, doch ließ sich dieser in keiner Weise stören, sondern fuhr in seinen hohlen und herausfordernden Redensarten fort. Nach der Ankunft auf dem Bahnhof in Berlin trat Bismarck mit so energischem Blick an den Jüngling heran, dass dieser erschrocken zurückwich und, als die strengen Augen des herkulischen Mannes nicht von ihm abließen, sich schutzsuchend mit dem Rücken gegen eine Wand lehnte.

»Wie heißen Sie?«, fragte Bismarck hart und streng.

»Nelke ist mein Name«, antwortete der andere kleinlaut.

»Nehmen Sie sich in Acht, Sie Nelke Sie! Sonst werde ich Sie pflücken, dass es knackt!«, fuhr ihn Bismarck an. Dann drehte er sich mit einer Gebärde der Verachtung um und ging gemächlich seines Weges.

Der Gekränkte

Im Sommer 1848 war man in Sanssouci bei König Friedrich Wilhelm IV. zu Tisch, nur eine kleine Gesellschaft. Nach dem Essen ging der König mit Bismarck, der damals Abgeordneter des Vereinigten Landtags war, hinaus auf die Terrasse. Die beiden Männer rauchten und blickten über die alten Wipfel des Parkes hin, auf denen die Sonne des Nachmittags mit goldenem Glanze lag.

»Wie geht es bei Ihnen?«, fragte der König freundlich.

»Schlecht, Majestät«, antwortete Bismarck, der seit den unglücklichen Märztagen von einer starken Gereiztheit beherrscht war.

»Schlecht? Ich denke, Ihre Stimmung ist gut?«

»O nein, Majestät. Sie war einmal gut. Aber seitdem die königlichen Behörden uns die Revolution gleichsam mit königlichem Stempel eingeimpft haben, ist sie miserabel geworden. Das Vertrauen zum Beistand des Königs fehlt.«

In diesem Moment trat die Königin hinter einem Fliederbusch hervor und sagte:

»Wie können Sie so zum König sprechen?«

»Lass mich nur, Elise«, versetzte dieser begütigend, »ich werde schon mit ihm fertig werden.« – »Was werfen Sie mir eigentlich vor?«, fragte er dann Bismarck.

»Die Räumung Berlins.«

»Die lag nicht in meiner Absicht«, entgegnete Friedrich Wilhelm mit abweisender Gebärde.

Und die Königin, die vorsorglich in der Nähe geblieben war, fügte hinzu:

»Den König trifft keine Schuld an diesem Geschehen; er hatte seit drei Tagen nicht mehr geschlafen.«

»Ein König muss schlafen können«, erwiderte Bismarck schroff, und ein Zug der Härte flog um seine Lippen.

Der König brach das Thema ab, eine harmonische Atmosphäre stellte sich nicht mehr ein, und die beiden gesellten sich in gedrückter Stimmung den anderen Gästen zu.

Schnelle Bestrafung

Im Jahre 1850, als Bismarck schon einige Jahre Abgeordneter war, trat er eines Tages in eine Berliner Wirtschaft, um sich durch ein Glas Bier zu erfrischen. Kaum hatte er sich niedergelassen, da hörte er, wie am Nebentisch ein junger Mensch unerhört freche Beschimpfungen gegen den König ausstieß. Bismarck erhob sich voll Entrüstung, trat mit seinem Glase Bier vor den Lästerer hin und sprach:

»Machen Sie, dass Sie hinauskommen! Wenn Sie nicht draußen sind, sobald ich mein Bier ausgetrunken habe, schlage ich das Glas an Ihrem Kopf entzwei!«

Der junge Mann machte keine Anstalten den Raum zu verlassen, Bismarck setzte an, trank das Bier mit einem Zuge aus, dann hob er den Arm und zerschlug das Kelchglas an dem Schädel des Beleidigers, dass die Scherben nach allen Seiten klirrend auseinanderstoben. Der Getroffene warf in seinem Katzenjammer wimmernd den Kopf über die auf dem Tisch verschränkten Arme.

Die Anwesenden sahen dem Geschehen tatlos zu, verblüfft über die erstaunliche Schnelligkeit der Exekution.

»Was kostet das zertrümmerte Glas samt Inhalt?«, fragte Bismarck ruhig den herbeigeeilten Kellner.

Der nannte die Summe, Bismarck zahlte und ging.

Bei Metternich

Als Bismarck im Sommer 1851 zum preußischen Bundestagsgesandten ernannt worden war, galt einer seiner ersten Besuche dem alten Fürsten Metternich auf Schloss Johannisberg im Rheingau.

Metternich redete viel und gern, dabei immer mit Geist, und er konnte es nicht leiden, wenn man ihn unterbrach. Das wusste Bismarck, und er verhielt sich danach.

Bald nach dem Beisammensein der beiden äußerte Graf Thun zu dem preußischen Staatsmann:

»Sagen Sie, wie haben Sie das nur fertiggebracht –, der alte Fürst ist ja ganz begeistert von Ihnen!«

»Die Lösung des Rätsels ist einfach«, entgegnete Bismarck lächelnd, »sie besteht darin, dass ich drei Tage lang kein Wort geredet, sondern dem Fürsten immer nur mit dem Ausdruck betonter Intelligenz zugehört habe … das mag er gern.«

Durchgesetzt

Bismarck wohnte als Bundestagsgesandter in Frankfurt bei einer Patrizierfamilie, die ihn als Preußen nicht gerade zuvorkommend behandelte. Es war lästig für ihn, seinen Diener immer rufen zu müssen, wenn er ihn brauchte, er bat daher um eine Zimmerglocke. Der Hausherr schlug ihm den Wunsch ab, da die Wohnung ohne Glocke gemietet worden sei. Neuanschaffungen seien Sache des Mieters.

Nach einigen Tagen ertönte aus Bismarcks Zimmer ein donnernder Pistolenschuss. Das ganze Hans lief entsetzt zusammen. Der Wirt, voll Angst, es sei ein Unglück geschehen, stürzte zu Bismarck hinein. Dieser saß seelenruhig an seinem Schreibtisch und arbeitete. Eine Pistole, die noch rauchte, lag neben ihm auf dem Schreibtisch.

»Mein Gott, was ist geschehen?!«, rief der Hausherr mit verstörter Miene.

»Nichts«, entgegnete Bismarck ruhig, »ich habe nur meinen Diener gerufen. Sie werden sich an dieses harmlose Geräusch gewöhnen müssen.«

Noch am gleichen Tage erhielt Bismarck seine Zimmerglocke.

Kleiner Dialog

Der französische Gesandte Marquis Moustier in Berlin kannte sehr wohl die russenfreundliche politische Gesinnung Bismarcks. Als sich dieser einmal zu einer Besprechung bei Moustier befand, ließ sich der Franzose in seinem Temperament zu dem Ausruf hinreißen:

»Mit der Politik, die Sie machen, werden Sie Deutschland einem neuen Jena entgegen führen!«

»Warum nicht einem neuen Roßbach, einem neuen Leipzig?«, entgegnete der Deutsche freimütig.

Moustier erschrak, und eine Welle von Zorn und Ärger flutete über sein Gesicht –, doch unterließ er jede Erwiderung. Eine Sprache von solcher Kühnheit war ihm in Berlin noch nicht vorgekommen. Dieser Mann da, der sich scheinbar so undiplomatisch wie möglich auszudrücken liebte –, wer war das?

Rauch

Während der Tagung des Frankfurter Parlaments war die dominierende Stellung Österreichs schon daran zu erkennen, dass der österreichische Gesandte, Graf Thun-Hohenstein, während der Ausschusssitzungen gemütlich seine Zigarre rauchte. Keiner der übrigen Gesandten wagte das zu tun, auch der Preuße nicht, General von Rochow, obwohl er ein leidenschaftlicher Raucher war. Als Rochow eines Tages durch Bismarck ersetzt wurde, änderte sich die Situation von Grund auf. Bismarck hasste nichts mehr als hinter irgendjemand zurückgesetzt zu werden, zumal wenn es sich um die Vertretung seines Staates handelte. Er zog also ungeniert seine Zigarrentasche und zündete sich eine große Havanna an. Der Österreicher sowohl wie die anderen Herren sahen es mit Verwunderung, doch verlor niemand ein Wort über die Angelegenheit. In der folgenden Sitzung holte nun auch der Gesandte Bayerns schmunzelnd eine Zigarre hervor, das nächste Mal auch der Hannoveraner –, und zum Schluss rauchten sie alle, und der schönste blaue Dunst lagerte sich um die Häupter der beratenden Staatsmänner.

So kann man mit Recht sagen, dass das Frankfurter Parlament in Rauch aufgegangen ist.

Die guten Rotweine

Bismarcks Weinkeller in Berlin war wegen seiner besonders gepflegten französischen Rotweine berühmt. Die Güte dieser Weine verdankte er einem kleinen Scherz.

Es gab einen französischen Diplomaten mit Namen Lemarquis. Er war der Sohn eines reichen Weingutsbesitzers in Burgund und wusste es zu erreichen, dass er als Attaché der französischen Gesandtschaft am Bundestag in Frankfurt zugeteilt wurde. Dort fing er an, seinen Namen mit dem seines Geburtsortes zu verbinden, er nannte sich also jetzt Lemarquis de Prémeaux. Natürlich begannen nun die meisten Leute seinen Namen getrennt, also Le Marquis de Prémeaux zu schreiben, und schließlich tat er es gelegentlich selbst.

Bismarck wusste von diesen Vorgängen, und als Lemarquis nach Berlin kam, machte sich der Kanzler das Vergnügen, gelegentlich eines diplomatischen Essens eine Speisekarte unter das Gedeck des Franzosen zu schieben, auf der dessen Name getrennt und so aristokratisch wie möglich in einer schönen Zierschrift geschrieben stand. Der falsche Marquis fühlte sich derart geschmeichelt, dass er dem Kanzler am nächsten Tage einen Korb mit den edelsten Burgunderweinen ins Haus schickte.

Von da ab blieb er Bismarcks Rotweinlieferant –, und man kann sich denken, dass der Kanzler immer nur die ausgesuchtesten Weine aus Frankreich erhielt.

Die richtige Antwort

Im Jahre 1854 fand bei München eine Parade großen Stiles statt, der auch ein österreichischer Erzherzog im Range eines Generals beiwohnte. Auch Bismarck war zu dem militärischen Schauspiel erschienen, in preußischer Landwehruniform, und er hatte neben der Rettungsmedaille die ihm von den verschiedenen Souveränen der Bundesstaaten verliehenen Orden angelegt. Der Erzherzog kam in ein Gespräch mit dem preußischen Staatsmann, deutete auf dessen Orden und fragte ihn, indem er mit leiser Ironie auf die Passivität Preußens während der kriegerischen Ereignisse des letzten Jahrzehnts anspielte:

»Schaun's, Exzellenz –, alle vorm Feind erworben?«

»Jawohl«, erwiderte Bismarck, indem er den Hieb parierte, »alle vorm Feind in Frankfurt am Main erworben!«

Erwerbssinn

Als Gesandter in Petersburg nahm Bismarck eines Abends an einem Essen in der spanischen Gesandtschaft, bei dem Herzog von Osuna, teil. Nach dem Essen stand man herum und trank Mokka. Bismarck nahm plötzlich Herrn Labouchère, den Herausgeber des ›Truth‹, den er gut kannte, beiseite und wies ihn auf eine Fensternische hin. Dort stand der holländische Gesandte vor der für die Gäste bestimmten Zigarrenkiste. Er griff, da er sich unbeobachtet glaubte, mit beiden Händen hinein und füllte sich die Taschen mit den edlen Havannas.

»Sie haben schon so viel von preußischer Begehrlichkeit gehört«, meinte Bismarck leise zu Labouchère –, »hier können Sie sich davon überzeugen, was holländischer Erwerbssinn ist.«

Auf Bärenjagd

Als Gesandter in Petersburg hatte Bismarck die Bären-Manie. Von allen Jagden war ihm die Bärenjagd die liebste, und er hielt sich, zur Freude der Kinder, sogar einige junge Tiere in seiner Wohnung, die dort sehr drollig anzusehen waren, aber natürlich allerlei Unfug anrichteten, worüber die Hausfrau nicht gerade entzückt war. Einmal hatte er ein Erlebnis auf der Bärenjagd, das ihn stark berührte und noch lange Zeit beschäftigte.

Bären zu schießen ist im Allgemeinen nicht schwer, meist auch nicht gefährlich, da das Tier den Menschen nur in den seltensten Fällen angreift. Eines Tages hatte Bismarck eine Bärin angeschossen, ohne zu ahnen, dass sie von ihrem Jungen begleitet war.

Das Tier war aufs Höchste gereizt, hatte Angst um sein Kleines und nahm den Jäger daher an. Während nun die Bärin auf Bismarck losging, merkte sie, dass ihr das Junge folgte. Sie kehrte also um und versetzte dem dummen Kleinen, das nicht ahnte, in welche Gefahr es hineinlief, ein paar Ohrfeigen, sodass es sich schnell entfernte. Bismarck war gerührt durch diesen Zug mütterlicher Zärtlichkeit und Klugheit. Was sollte er tun? Er hätte das liebenswürdige Tier gern geschont, da es aber energisch auf ihn zukam, blieb ihm nichts weiter übrig, als die Büchse zu heben und es zu erschießen.

Nie in seinem Leben hat er ein Tier so ungern getötet wie dieses.

Als er älter wurde, hat er das Jagen ganz aufgegeben und nicht mehr verstanden, dass man auf Tiere schießen kann.

Die Schildwache

Als Gesandter in Petersburg schlenderte Bismarck eines Tages durch den Sommergarten und begegnete dem Zaren, der nur von einem Adjutanten begleitet und von einigen Tscherkessen gefolgt war. Der Zar begrüßte den Vertreter Preußens in freundlicher Weise, kam in eine Unterhaltung mit ihm, und die beiden wanderten zusammen ein Stück durch die Anlagen. Sie gelangten an einen Rasenplatz, an dessen Rand ein Schilderhaus stand, davor ein Wachtposten, der präsentierte. Bismarck erlaubte sich die Frage an den Zaren, was der Posten an dieser Stelle bedeute. Der Zar wusste es nicht. Er fragte den Adjutanten, auch der war nicht im Bilde. Der Adjutant wendete sich an die Schildwache, diese sagte kurz: Es ist befohlen –, eine andere Auskunft vermochte sie nicht zu geben. Nun bekam der Adjutant vom Zaren den Befehl, der Sache weiter nachzugehen und zwar gründlich.

Als Bismarck nach einiger Zeit gelegentlich eines Abendessens im Winterpalais vom Zaren wieder zu einer Unterhaltung herangezogen wurde, sagte dieser:

»Ich muss Ihnen noch die Geschichte von der Schildwache erzählen. Mein Adjutant hat sich damals an den Wachtoffizier gewendet, der natürlich auch nichts wusste. Dann ging er in die Stadtkommandantur, wo man gleichfalls um eine Auskunft verlegen war. Endlich begann man die Akten zu studieren. Es ergab sich nach langem Forschen, dass die Kaiserin Katharina einmal auf einem Spaziergang an jener Stelle des Rasens besonders früh im Jahre ein Schneeglöckchen entdeckt hat. Sie gab den Befehl, dass die Blüte auf keinen Fall gepflückt werden dürfe, und zur Sicherheit stellte man eine Schildwache bei der Blume auf. Seit jener Zeit wurde dieser Posten bezogen, bei Tag und bei Nacht, an eine Beseitigung der Wache ist niemals gedacht worden. Es sind fast hundert Jahre her.«

»Eine lange Zeit, Majestät.«

»Ja, aber in Russland spielen Zeit und Raum keine Rolle«, entgegnete der Zar lächelnd, »sonst würde es ja nicht mein großes, weites Russland sein …«

Gesandter in Paris

Als preußischer Gesandter in Paris – 1862 – war Bismarck der Einzige unter den Diplomaten, der sein Amt Napoleon gegenüber mit aufrechtem Nacken versah, während die übrigen Landesvertreter eine recht geduckte Haltung vor dem Kaiser einnahmen, der damals als der mächtigste Herrscher Europas galt. Napoleon zeigte sich dem Preußen gegenüber von seiner liebenswürdigen Seite. Einmal wurde er, wie Bismarck selbst sich ausgedrückt hat, ganz orientalisch: Er wollte nämlich dem Deutschen, der sich ohne Familie in Paris aufhielt, eine Geliebte verschaffen. Es fiel Bismarck schwer, den Kaiser davon zu überzeugen, dass er keinerlei Verlangen nach einer Geliebten habe, da er verheiratet sei.

»Aber Ihre Frau ist doch nicht hier!«, meinte der Kaiser.

»Das macht nichts, Majestät«, erwiderte Bismarck lächelnd.

Der Kaiser schüttelte verwundert den Kopf, eine solche Situation schien er nicht recht zu begreifen. Das Verständnis für die Form des deutschen Familienlebens ging ihm völlig ab. Kaiserin Eugenie war auch nicht die geeignete Frau, den Sinn für ein Familienleben in ihm zu wecken. Auch sie trug übrigens Bismarck gegenüber immer ein freundliches Wesen zur Schau.

»Wenn sie aber ganz besonders liebenswürdig zu mir wurde«, hat er später gesagt, »so wusste ich, dass ich auch ganz besonders auf der Hut sein musste. Dann führte sie bestimmt irgendetwas im Schilde!«

Völlig verkannt

Bismarck erfreute sich während seiner kurzen Tätigkeit als preußischer Gesandter in Paris einer allgemeinen Beliebtheit bei den hohen Staatsbeamten. Sein Geist, seine Ironie, sein gutes Französisch, seine Liebenswürdigkeit erwarben ihm überall Sympathie. Er gab sich äußerlich ungezwungen und – das war sein altes, beliebtes Spiel – so undiplomatisch wie möglich, so kam es, dass ihn niemand als einen begabten Staatsmann erkennen konnte. Napoleon sagte einmal nach einem Gespräch mit dem Preußen zu seinem Gefolge: *»Ça n'est pas un homme sérieux«* –, »Das ist kein Mensch, den man ernst nehmen kann.«

Viel vernichtender noch war eine Kritik des Kaisers, als er im Jahre 1865 mit dem rätselhaften Deutschen in Biarritz zusammentraf und mehrfach mit ihm und seinem Freunde, dem Dichter Prosper Mérimée, dessen Arm er zu nehmen pflegte, am Strande spazieren ging. Ein sonderbares Kleeblatt. Nach einer dieser Unterhaltungen, die sehr merkwürdig gewesen sein müssen, flüsterte der Kaiser, der sich für einen Cäsar hielt, während er doch nur ein schlechter politischer Schachspieler war, seinem Freunde Mérimée ins Ohr: *»Il est fou«* –, »Er ist verrückt.«

Fünf Jahre später, als Sedan kapituliert hatte und ein Thron zertrümmert war, erwartete Napoleon in trostloser Verfassung den einstigen preußischen Gesandten auf der einsamen Landstraße bei Donchery.

Nun hatte er einen Mann vor sich, den er bitter ernst nehmen musste und in dem er keinen Verrückten mehr sah; einen unheimlichen Mann, der ihn überspielt hatte und von dem ihm jetzt das Schloss Wilhelmshöhe bei Kassel als Gefängnis angewiesen wurde.

Des Königs bester Arzt

Als ein russischer Großfürst im Herbst 1862 König Wilhelm in Berlin einen Besuch abstattete, sprach er dem König seine Freude darüber aus, dass er so frisch und gesund aussehe. Bismarck war anwesend. König Wilhelm machte eine ritterliche Handbewegung nach seinem neuen Ministerpräsidenten hin und sagte mit stolzem Lächeln:

»Hier steht mein Arzt.«

Kritik

Als Bismarck von König Wilhelm in schwerer Stunde zum Ministerpräsidenten ernannt worden war, tobten seine Feinde. Die Zeitungen nannten ihn einen ›prahlenden Junker‹, einen ›hohlen Großsprecher‹, einen ›Napoleonverehrer‹. Wunderbar charakterisierte ihn die ›Berliner Allgemeine Zeitung‹:

›Als ein Landedelmann von mäßiger politischer Bildung, dessen Einsichten und Kenntnisse sich nicht über das erheben, was das Gemeingut aller Gebildeten ist, begann er seine Laufbahn. Er trat in seinen Reden schroff und rücksichtslos auf, nonchalant bis zur Frivolität, mitunter witzig bis zur Derbheit, aber wann hätte er je einen politischen Gedanken geäußert?‹

Scharfes Urteil

Zu den unnachsichtigen Feinden der bismarckschen Politik gehörte der sächsische Ministerpräsident Graf von Beust. Bismarck äußerte sich einmal voll Unwillen über ihn:

»Wenn ich mir ein Urteil über die Gefährlichkeit eines Gegners bilden will, so subtrahiere ich zunächst von dessen Fähigkeiten seine Eitelkeit. Wende ich dieses Verfahren auf Beust an, so bleibt als Rest wenig oder nichts.«

Ärger

Wenn Bismarck in einen besonders heftigen Ärger geriet und sein Temperament überquoll, so war es ihm eine Lust und eine Befreiung, wenn er irgendetwas zertrümmern konnte.

Einmal, als es in ihm tobte, riss er das Papier aus Studententagen, das in seinem Schlafzimmer hing, von der Wand, nahm einige Walnüsse in die Linke, schleuderte eine nach der andern in die Luft und stieß mit dem Papier danach; und es erleichterte ihn, wenn er die Nüsse traf und sie in Stücke gingen –, bis die entwichene Ruhe des Gemüts wieder bei ihm eingezogen war.

Ein andermal, in Baden-Baden, war er in kritischer Stunde zu einer Audienz beim König. Es zeigte sich, dass die beiden Männer über so ziemlich alle Fragen, die sie erörterten, grundverschiedener Meinung waren, und als Bismarck seinen Gebieter verließ, kochte der Ärger in ihm auf eine so bedrohliche Art, dass er sich nach einer Explosion seiner Gefühle geradezu sehnte. Er schloss die Tür heftiger hinter sich als nötig war, und der Schlüssel blieb ihm in der Hand. Er war froh darüber, so hatten seine Finger doch etwas, was sie krampfhaft umfassen konnten. Er eilte zum Grafen Lehndorff aufs Zimmer, und kaum war er dort eingetreten, so schleuderte er den Schlüssel mit so mächtigem Schwung in ein Waschbecken, dass es in tausend Trümmer ging.

Lehndorff sah in Bestürzung zu und wusste nicht, was er von diesem sonderbaren Geschehen denken sollte.

»Mein Gott, sind Sie krank?«, fragte er besorgt.

»Gewesen«, erwiderte Bismarck, indem er sich entspannt in einen Lehnstuhl sinken ließ, »jetzt ist mir wieder ganz wohl …«

Erkenntnis

Anfang der sechziger Jahre, da Bismarck als Ministerpräsident die größten Schwierigkeiten im Parlament hatte und sich zahllose Feinde machte, standen doch auch manche Freunde zu ihm, die sein Genie bereits erkannten. So sagte Graf Limburg zu Bismarcks Mitarbeiter, dem jungen Keudell:

»Es muss schön sein, der Fahne eines Mannes wie Bismarck zu folgen, wenn sie auch in den Tod führen mag.«

Schleswig-Holstein

Lord Palmerston, der damalige englische Premierminister, hat einmal im Scherz geäußert, der schleswig-holsteinische Konflikt sei derart verwickelt gewesen, dass ihn nur drei Menschen auf der Welt wirklich durchschaut hätten: erstens Prinz Albert von England, also der Gemahl der Queen, und der sei tot; zweitens ein dänischer Staatsmann und der sei verrückt geworden; drittens er selber und er habe ihn vergessen.

Palmerston hat den vierten Kenner übergangen, nämlich Bismarck, den Hauptbeteiligten und sieghaften Bezwinger der Hydra. Dieser hat den Sachverhalt der in der Tat bis zum Unübersehbaren verschachtelten Dinge nicht nur bis in alle Verästelungen beherrscht, sondern diesen komplizierten Konflikt auch zu einer für Deutschland glücklichen Lösung zu bringen gewusst, wenn auch mithilfe der Waffen.

Der Kanzler war bis in sein Alter auf nichts stolzer als auf die erfolgreiche Bereinigung gerade dieser Frage, in der er immer das schwierigste Problem gesehen hat, das in seinem langen Leben an ihn herangetreten ist.

Der König erhob ihn für seine Leistung in den Grafenstand. Die Deutschen haben ihn schnell den ›Eisernen Grafen‹ genannt.

Zwist mit Wrangel

Im Februar 1864, als Wrangel Anstalt machte, in Jütland einzurücken, erhielt er aus Berlin den Befehl, diesen Schritt zu unterlassen. Das Berliner Kabinett befürchtete nämlich, dass die eifersüchtigen Westmächte bei der Besetzung Jütlands in den Konflikt eingreifen würden. Wrangel war voll Wut und schickte einige aufgeregte Telegramme an den König. Er suchte darin klar zu machen, dass die getroffene Maßregel falsch sei, und sprach in seiner naiven Derbheit von ›preußischen Ministern, die an den Galgen gehören.‹

Bismarck war tief gekränkt durch diese skrupellose Schmähung und mied Wrangel, wo er konnte. Trafen sich die beiden in einer Gesellschaft, so suchte der Minister sofort eine Gruppe oder ein Zimmer auf, wohin Wrangel vermutlich nicht vordrang, und war es durchaus nicht zu vermeiden, dass sie irgendwo beieinander standen, so tat der Staatsmann, als sähe er den Feldherrn nicht. Diese Situation war für alle Beteiligten auf die Dauer unerträglich, und man suchte nach einer Gelegenheit, die beiden Männer zu versöhnen. Ohne dass sie es wussten, setzte man sie kurzentschlossen gelegentlich eines Essens bei Hofe nebeneinander. Bismarck wendete sich in dieser unbehaglichen Lage mit seinem Gespräch sofort an seine Dame zur Linken, Wrangel an seine Dame zur Rechten. Nach einiger Zeit neigte sich der Feldherr ein wenig dem beharrlich grollenden Staatsmann zu und fragte:

»Mein Sohn, kannst du denn nicht vergessen?«

»Nein«, antwortete Bismarck kurz, »vergessen kann ich nicht.«

Wieder erhob sich eine Mauer eisigen Unbehagens zwischen den beiden populären Männern. Dann, nach einer peinlichen Weile, beugte sich der Alte nochmals zu dem Gekränkten hinüber, und nie hat seine Stimme so weich geklungen:

»Mein Sohn, kannst du denn nicht vergeben?«

»Doch«, entgegnete Bismarck, gerührt durch das Werben des greisen Mannes, »das kann ich – und zwar von ganzem Herzen!«

Nun drückten sich die beiden endlich die Hände, und der Zwist war begraben für immer.

Der Undurchschaubare

Bismarck hat oft in seiner Ausdrucksweise gegenüber Ministern und Gesandten, sogar in entscheidenden weltgeschichtlichen Momenten, eine Ironie, einen Spott, einen Sarkasmus, eine scheinbar undiplomatische Offenheit gezeigt, dass sich seine Gegenspieler nicht selten vor den Kopf gestoßen fühlten und ihnen gleichsam die Waffen, die sie gegen ihn gebrauchen wollten, aus den Händen fielen. Dabei war er immer höflich, aber es war oft eine mörderische Höflichkeit, die den Partner zur Verzweiflung bringen konnte und bei der man ihn auf Knien um eine Grobheit, um eine ungeschminkte Wahrheit hätte bitten mögen.

Kurz vor dem Ausbruch des Konfliktes mit Österreich verlangte Graf Karolyi, der österreichische Gesandte, im Auftrag seiner Regierung von ihm, er solle sich klar und deutlich darüber äußern, ob er den Friedensvertrag zwischen den beiden Ländern, also den Vertrag von Gastein, zu zerreißen gedenke.

»Nein«, entgegnete Bismarck, »ich habe diese Absicht nicht. Aber wenn ich sie hätte, würde ich Ihnen anders antworten?«

Der Österreicher stand völlig verwirrt und wusste nicht, was er aus dieser sphinxhaften Offenheit herauslesen sollte.

Das Berliner Attentat

Als Bismarck am Nachmittag des 7. Mai 1866, also kurz vor Beginn des Feldzuges gegen Österreich, auf dem Mittelweg der Straße Unter den Linden, vom Vortrag beim König kommend, seiner Wohnung zuschritt, schoss ein Jude mit Namen Cohen-Blind in der Nähe der russischen Botschaft zwei Kugeln aus der Pistole gegen ihn ab, die fehlgingen. Bismarck packte den Burschen am Handgelenk, rang mit ihm, und ein dritter Schuss streifte ihn. Der Attentäter wurde einer Abteilung Soldaten übergeben, die gerade vorbeikam, und der wie durch ein Wunder glücklich Bewahrte wendete sich nach Hans.

In Windeseile lief die Kunde von dem Verbrechen durch die Stadt, und die Erregung der Bevölkerung war groß. Der König ließ sofort anspannen und fuhr zu seinem Ministerpräsidenten, um ihn zu seiner Errettung zu beglückwünschen. Später staute sich eine Menschenmenge in der Wilhelmstraße und wollte den Staatsmann sehen.

Bismarck zeigte sich am Fenster, winkte und sprach:

»Es ist immer ein hohes Glück, sein Leben für König und Vaterland zu lassen, nicht nur auf dem Schlachtfeld, sondern auch auf der Straße und durch die Hand eines Mörders.«

Der Romanleser

Als Bismarck am 30. Juni 1866 mit dem Hauptquartier Berlin verließ, um dem unpopulären Bruderkrieg gegen Österreich beizuwohnen, dessen Entfesselung ihm viele Deutsche murrend zum Vorwurf machten, sagte er mit ernster Stimme zu einem fremden Gesandten:

»Entweder wir siegen und ich komme über Wien und Prag nach Berlin zurück, oder wir werden geschlagen, dann stürme ich mit der letzten Schwadron, von der niemand wiederkehrt.«

Zwei Tage später stand er schon auf dem blutgedüngten Schlachtfeld von Gitschin, wo die Fahnen Preußens triumphiert hatten.

»Eben von Sichrow hier angekommen«, schrieb er aus Gitschin an seine Frau, »auf dem Schlachtfeld lag es noch voll von Leichen, Pferden, Waffen. Unsere Siege sind viel größer als wir glaubten … Schicke mir einen Roman zum Lesen, aber nur einen auf einmal. Gott behüte Dich!«

So schrieb er am 2. Juli. Am nächsten Tage sah er voll Erregung zu, wie Moltkes überlegenes Schachspiel bei Königgrätz zum schnellen Siege führte. Und wieder einen Tag später, da lag ganz Deutschland dem sonderbaren Romanleser zu Füßen …

Der Recke

Robert von Keudell erzählt: In den Morgenstunden der Schlacht von Königgrätz war das Gefolge des Königs in weit auseinanderstehende Gruppen verteilt. Unweit des Kriegsherrn, den Moltke, Roon und Alvensleben umgaben, hielt Bismarck auf einem riesengroßen Fuchs. Wie er im grauen Mantel hoch aufgerichtet dasaß und die großen Augen unter dem Stahlhelm glänzten, gab er ein wunderbares Bild, das mich an kindliche Vorstellungen von Riesen aus der nordischen Urzeit erinnerte.

Die Wahl des Feldherrn

Es war in der ernstesten Stunde der Schlacht bei Königgrätz, deren Entscheidung an Messers Schneide hing. Die Mitte, die Armee des Prinzen Friedrich Karl, war bedroht. Moltke hielt zu Pferde auf einem Hügel und leitete allein und mit eisiger Ruhe die Geschehnisse, dicht bei ihm hielt der König mit den Generalen.

Bismarck auf seinem großen Fuchs blickte in banger Erwartung zu dem schmalen Mann hinüber, auf dessen Schultern die ganze Verantwortung lag. Er sah das Adlerprofil des Feldherrn und hörte, wie dieser geniale Rechenkünstler mit fester Stimme und großartiger Gelassenheit Befehle an die Adjutanten gab, die abritten. Er bemerkte auch, dass dem Grafen der kleine, klägliche Rest einer Zigarre erloschen im Mundwinkel hing. Der Staatsmann ritt behutsam an den Schlachtenlenker heran und hielt ihm ein Etui hin, in dem sich noch zwei Zigarren befanden. Moltke sah sich die beiden Zigarren schweigend, aber mit unverkennbarem Interesse an. Dann nahm er ruhig und mit wählerischer Sorgsamkeit die bessere.

In diesem Moment spielte um Bismarcks Lippen ein verstohlenes Lächeln. Jetzt wusste er, dass bei allem Ernst der Vorgänge die Sache Preußens auf keinen Fall schlecht stehen konnte!

Die letzte Zigarre

Bismarck rauchte gern und gut. Am Tage von Königgrätz hatte er schließlich nur noch eine einzige Zigarre in seinem Lederfutteral, die vorletzte hatte Moltke bekommen. Der Tag verlief voller Spannungen, und Bismarck wollte sich die letzte Zigarre gönnen, sobald der Sieg entschieden war –, er freute sich schon im Stillen auf den Moment, wo er sich das Kraut in guter Stimmung anzünden würde. Es sollte anders kommen.

Er sah einen jungen Dragoner, der mit zerschmetterten Armen dalag. Der Ärmste jammerte nach einer Erquickung. Bismarck fasste in alle Taschen, er hatte nichts bei sich, weder Schokolade noch Likör, da fiel ihm die wohlgehütete Zigarre ein. Er holte sie schnell heraus, rauchte sie an und gab sie dem Verwundeten in den Mund. Ein seliges Lächeln der Erquickung war der Dank.

»Niemals in meinem Leben«, pflegte der Kanzler zu erzählen, »hat mir eine Zigarre so gut geschmeckt wie diese, die ich gar nicht geraucht habe.«

Sorge um den König

Während der Schlacht bei Königgrätz setzte sich König Wilhelm furchtlos dem Feuer der feindlichen Geschütze aus, und eine Weile schlugen die Geschosse ringsum in bedenklichen Mengen ein. Bismarck sah es mit Sorge und bat den König sich zurückzuziehen. Dieser weigerte sich und sagte:

»Wenn meine Armee im Feuer steht, habe ich bei ihr zu bleiben, ich bin ihr oberster Kriegsherr.«

Wieder heulten die Granaten heran, eine schlug unmittelbar neben dem König in die Erde, ohne zu krepieren.

»Majestät, als Major der Landwehr steht es mir nicht zu, Ihnen einen militärischen Rat zu geben«, sagte Bismarck, »aber ich bin auch Ministerpräsident, und als solcher bin ich vor dem Volke für Euer Majestät verantwortlich. Ich bitte dringend, Ihr Leben nicht unnütz aufs Spiel zu setzen.«

Endlich fügte sich der König und war bereit, eine geschütztere Stellung aufzusuchen. Man ritt ab, aber es ging Bismarck nicht schnell genug. Er zog daher den rechten Fuß aus dem Steigbügel und versetzte dem Pferde des Königs von hinten einen energischen Tritt mit dem Sporen. Nun sprang das Tier so heftig an, dass der König beinahe aus dem Sattel geflogen wäre, und man entfernte sich in gestrecktem Galopp aus dem Getöse des Schlachtfelds.

Der ganze Bismarck ist in diesem Sporentritt.

Der kluge Sieger

Als Königgrätz geschlagen war, sagte Bismarck zu König Wilhelm:

»Majestät haben nicht nur eine Schlacht gewonnen, sondern einen Krieg. Der Feldzug ist zu Ende.«

Der König sah seinen Ministerpräsidenten höchst verwundert an, denn er gedachte den Siegeslauf fortzusetzen bis nach Wien, um dort einen feierlichen Einzug zu halten.

»Nein, Majestät«, entgegnete Bismarck ernst, »wir wollen den Feind von gestern nicht demütigen, sondern uns zum Freunde machen. Majestät, es handelt sich um unsere deutschen Brüder.«

Nur mit Mühe setzte er seinen Willen durch, der von kluger Weitsicht getragen war, und der König, der erregt von einem ›schmachvollen Frieden‹ sprach, fügte sich mit größtem Missmut ins Unvermeidliche. Am Tage des Friedens von Nikolsburg freilich ging er auf Bismarck zu und umarmte ihn. Er war zu der Einsicht gelangt, dass sein genialer Staatsmann das Richtige getan hatte.

Er hat angefangen

Auf der Heimreise von Königgrätz wurde König Wilhelm auch in Görlitz feierlich und freudig begrüßt, eine Ansprache wurde gehalten, und junge Mädchen überreichten Lorbeerkränze: dem König, den Prinzen, Moltke und Bismarck. Dieser freilich nahm den Kranz nicht an, sondern sagte zu dem hübschen Kind aus Görlitz:

»Wie kann ich diesen Kranz annehmen, den ich doch gar nicht verdiene! Ich war nicht Mitkämpfer, mein gnädiges Fräulein, und habe zum Sieg nichts beigetragen.«

Das junge Mädchen war zunächst verwirrt und wusste nicht recht, was es auf diese Worte erwidern sollte. Dann aber fasste es sich ein Herz, hielt den Kranz noch einmal hin, energischer als zuvor, und sagte laut:

»Aber Exzellenz, Sie haben doch den ganzen Krieg erst angefangen!«

Nun musste Bismarck lachen, nahm den Kranz entgegen und drückte der Kleinen herzlich die Hand.

Das Hurra auf sich selbst

Als die Truppen nach dem Sieg von Königgrätz in Berlin eingezogen waren, begab sich der Kanzler in sein Palais und blieb im Kreis der Familie. Am Abend warf er sich in bequeme Kleider, denn er fühlte sich nicht ganz wohl. Es drängte ihn, noch ein wenig auszugehen, um sich frische Luft um die Schläfen wehen zu lassen. Er zog einen alten Mantel an, schlug den Kragen hoch, setzte seinen großen Schlapphut auf, und so schlenderte er durch einige Straßen. Als er sich dann wieder nach Haus begab, kam er auf dem Wilhelmplatz am Palais des Prinzen Karl vorüber und sah von dort, dass sich vor seinem eigenen Palais Menschen angesammelt hatten, die ihm Huldigungen darbringen wollten. Er schob also den Hut so tief wie möglich in die Stirn, um nicht erkannt zu werden, sah aber nunmehr so verwegen und räubermäßig aus, dass die Leute eine verdächtige Person in ihm zu wittern meinten und manche schon feindliche Blicke auf ihn warfen. In dieser ungemütlichen Lage hielt er es für das Beste, wenn er seiner Begeisterung für Bismarck energischen Ausdruck gab, er hob also den Arm und fiel mit kräftiger Stimme in die Hurras ein, die ihm von der Menge dargebracht wurden.

Als diese Menge dann sah, wie seine große Gestalt zum Palais hinüberschritt und in ihm, von einem Diener ehrfürchtig begrüßt, verschwand, da rissen die gleichen Leute, die ihn erst so misstrauisch angeblickt hatten, staunend die Mäuler auf und riefen:

»Das war er … das war Bismarck …!«

Spätes Erkennen

Als Bismarck im Herbst 1866 beim Fürsten von Putbus auf Rügen weilte, drängte es ihn, das Denkmal des Großen Kurfürsten zu besuchen, das man gegenüber dem kleinen Orte Neuendorf zur Erinnerung an die Landung des Brandenburgers nach der Vertreibung der Schweden von Rügen errichtet hatte.

Bismarck fuhr nach Neuendorf und sah sich umsonst nach einem Fährmann um. Er trat schließlich auf einen Hof, wo ein Hund in recht temperamentvoller Weise gegen ihn losfuhr. Bismarck konnte sich des großen Tieres nur mit Mühe erwehren und war froh, als endlich der Fischer erschien und dem Hunde pfiff.

»Donnerwetter«, fuhr er den Fischer in Erregung an, »wie können Sie sich einen so bissigen Köter halten!«

»Gehören Sie vielleicht up den Hof?« fragte der Fischer geärgert, »Sie hebben hier nix to suchen –, bliewen Se ruhig hübsch vor der Tür!«

Bismarck brachte nun sein Anliegen vor, das Denkmal besuchen zu wollen, und der Fischer war bereit, ihn hinüberzurudern. Man sprach während der Fahrt nicht viel, die Stimmung war infolge der Hundeattacke etwas gedrückt. Als Bismarck das Denkmal besichtigt hatte und man zurückfuhr, fragte der Fischer, den natürlich die Neugier plagte:

»Sie sind wol so 'n Berliner?«

»Ja, dat bin ick!« erwiderte der Mann im Boot.

»Dann hebben Se wol unsern König all gesehn?«

»Natürlich hab ich den all gesehn!«

»Un Bismarcken ooch?«

»Gott, wat is an den schon vill to sehn!«

Jetzt ließ der Rügener das Rudern sein, schob die Mütze etwas nach hinten und sagte unwirsch:

»Sone dämlichen Worte über Bismarcken können Se bleiben lassen! Der is nämlich unser Bester!«

»So war das nicht gemeint«, erwiderte der Berliner, »außerdem bin ich ja gut Freund mit Bismarcken.«

Der Fischer schwieg und sah seinen Fahrgast merkwürdig an –, er wusste nicht recht, was er von dem Manne halten sollte.

Als man dann wieder in Neuendorf ankam, gab Bismarck dem Fischer einen Taler für seine Mühe.

»Fünf Groschen krieg ich för die Überfahrt«, knurrte der, »von Sie will ick nix geschenkt hebben.«

»Na, Sie sind doch son Freund von Bismarcken«, meinte der Berliner lachend, »und die Leute sagen immer, dass ich ihm so mächtig ähnlich sehe. Also nehmen Sie 's man als Andenken!«

Nun blickte der Fischer dem Staatsmann mit forschendem Auge ins Antlitz, dann sagte er betreten:

»Herr, ick globe wahrhaftig, Sie sind es sülwst! Dat hab ick mir nich träumen lassen, dass ick Bismarcken mal fahren würde, un ick bitte herzlich um Entschuldigung. Un wat den ollen Hund anlangt, dem will ick dat wol besorgen, da können Sie sich drup verlaten, Herr von Bismarck!«

Seine Augen glänzten, er nahm die Mütze ab und machte eine feierliche Verbeugung, so gut er das fertigbrachte.

Der liebenswürdige Spitzbube

Als Bismarck im Juni des Jahres 1867 mit König Wilhelm in Paris zur Weltausstellung weilte, benahm sich der Pöbel so unfreundlich gegen ihn, dass die Presse einen Appell an den ritterlichen Sinn der Nation richten musste. Glanzvoll dagegen war der Empfang bei Hof, und Napoleon ließ ein heiteres Fest dem andern folgen. Man erzählt, dass Bismarck damals in den Tuilerien, die infolge seiner Politik vier Jahre später in Flammen aufgingen, seinen letzten Walzer getanzt hat. Er traf öfter mit dem alten Marschall Vaillant zusammen, mit dem er sich gut verstand.

»Wissen Sie«, sagte Vaillant eines Tages zu ihm, »dass Sie auf uns alle einen ganz bestrickenden Eindruck machen? Jeder von uns sagt: Welch ein liebenswürdiger Spitzbube!«

Der Schieferdecker

Gelegentlich eines Abendessens im Berliner Schloss gegen Ende der Sechzigerjahre lernte Bismarck den Adjutanten des Großherzogs von Weimar kennen, einen Grafen Beust. Der Graf gratulierte Bismarck zu dem guten Verhältnis, in dem er zu seinem Namensvetter, dem österreichischen Minister Grafen Beust stände.

»Ja«, meinte Bismarck, »unser Verhältnis ist ja ganz gut, aber mir fällt dabei immer die Geschichte vom Schieferdecker ein, der vom Turm fällt. Bei jedem Stockwerk, an dem er vorübersaust, sagt er: ›Na, bis hierher ist es gut gegangen!‹ «

Der stärkere Kopf

Als der französische Botschafter Benedetti nach einem Essen bei Bismarck in das Vorzimmer trat, sah er den blinkenden Kürassierhelm seines Gastgebers auf einem Tische stehen. Er ergriff ihn im Scherz und setzte ihn sich auf. Doch nahm er ihn schnell wieder ab und sagte lächelnd:

»Sa tête est plus forte que la mienne!« –, »Sein Kopf ist stärker als meiner!«

Womit er in jeder Hinsicht das Nichtige getroffen hatte.

Der Hund des Zaren

Noch kurz vor Beginn des Krieges mit Frankreich weilte Zar Alexander II. bei König Wilhelm in Ems. Die drohenden Wolken stiegen schon herauf, als die beiden Monarchen eines Abends nach dem Essen mit ihrem Gefolge in einem Speisesaal beisammen standen. Bismarck befand sich, eine Taste Mokka in der Hand, am andern Ende des Saales und blickte zum Zaren hinüber, voller Sorge, welche Haltung der russische Herrscher bei dem offenbar unabwendbaren Konflikt einnehmen würde. Da geschah etwas Sonderbares, das wie ein Sinnbild war und von den Anwesenden auch als solches aufgefasst wurde. Der große Hund des Zaren nämlich, der bisher ruhig unter dem Tisch gelegen hatte, erhob sich, schlenderte lässig mitten durch den Saal auf Bismarck zu und schmiegte sich dann zutraulich an dessen hingestreckte Hand. Der Zar, der den Vorgang lächelnd beobachtet hatte, rief zu Bismarck hinüber:

»Da sehen Sie, Graf, wie sicher mein Hund die Freunde seines Herrn kennt!«

Für Bismarck kamen die Worte wie eine Erlösung, er machte eine Verbeugung nach dem Zaren hin und fühlte sich erleichtert.

»Die Szene war ein geschichtlicher Moment«, pflegte er später zu erzählen, »der Hund des Zaren brachte uns die schönste Entspannung in der russischen Politik.«

Höflichkeit

Zu des Kanzlers diplomatischen Grundsätzen gehörte die vollkommene Höflichkeit. Er hatte den Leitsatz geprägt: ›Höflichkeit bis zur letzten Galgensprosse!‹ Man muss sagen, dass das eine sehr weitgehende Höflichkeit ist.

Als die französische Regierung im Jahre 1870 die Kriegserklärung beschlossen hatte, schickte sie am 19. Juli ihren Berliner Geschäftsträger Le Sourd mit dem schwerwiegenden Dokument zu Bismarck. Le Sourd war totenernst, er sprach außer den paar notwendigen förmlichen Phrasen kein Wort. Als er das Dokument überreicht hatte, verließ er stumm und in strenger, unnahbarer Haltung das Zimmer.

Dies war für Bismarcks Empfinden der Korrektheit denn doch zu viel, er schritt deshalb zur Tür, öffnete sie noch einmal und rief dem Geschäftsträger in freundlichem Tone nach:

»Meine besten Empfehlungen an Madame Le Sourd!«

Abreise

Gleich nach der Kriegserklärung Frankreichs reiste der französische Geschäftsträger, wie es in solchem Fall üblich ist, in seine Heimat ab, während sich sein Botschaftsrat mit der Bitte an Bismarck wendete, noch eine kurze Zeit in Berlin verweilen zu dürfen, um einige wichtige private Angelegenheiten zu erledigen.

»Haben Sie gute Augen?«, fragte Bismarck sachlich.

»Ja.«

»Und haben Sie gute Ohren?«

»Auch das.«

»Also, Sie reisen morgen ab.«

Das eiserne Kreuz

Während des deutsch-französischen Krieges unterhielt sich einer der Reichsfürsten mit Bismarck und äußerte die Meinung, das Eiserne Kreuz würde viel zu häufig verliehen; man müsste dagegen einschreiten.

»Das Eiserne Kreuz wird aus zwei Gründen verliehen«, entgegnete der Kanzler, »erstens erhalten es die tapferen Kämpfer an der Front, die es verdienen. Zweitens hat man es gewissen Leuten aus Höflichkeit verliehen, wie Ihnen und mir. Wenn ich Sie recht verstehe, möchten Sie, dass es uns wieder genommen wird?«

Der Reichsfürst lächelte mit verdrießlich herabgezogenen Mundwinkeln und hat das Thema nicht wieder angeschnitten.

Gravelotte

Bei Gravelotte standen die Truppen in härtestem Kampf. Die Dämmerung brach herein, und das Ringen war noch nicht entschieden. Vor einem schlichten Bauernhaus von Rezonville stand König Wilhelm mit seinem Gefolge, und alles wartete in schwerer Besorgnis. Der König gab sich große Mühe, ruhig zu erscheinen, doch zuckte es zuweilen um seine Augen, und er blickte immer wieder nervös in die Richtung von Gradelotte, von wo das Getöse der Schlacht herüberdrang.

Auch Bismarck trug eine künstliche Gelassenheit zur Schau. In ihm wogte es, und das Herz schlug ihm zum Zerspringen bis hinauf in die Schläfen. Aber er schien gefasst, rauchte und las in Briefen oder besser: Er tat als läse er in Briefen, denn in Wirklichkeit nahm er nicht eine Zeile in sich auf und sehnte sich nur nach dem Moment, wo ein Kurier erschien, um über den Ausgang des furchtbaren Ringens zu berichten.

Da stob im Galopp ein Reiter herbei: Es war Moltke selbst, aufrecht, blass, hager, er salutierte und sagte mit ruhiger, aber ernster Miene:

»Majestät, es hat Opfer gekostet –, aber ich melde den Sieg.«

»Gott sei gelobt!«, rief der König wie erlöst und reichte dem Feldherrn dankbar die Hand.

Bismarck zerknüllte in seiner schweren Erregung den Brief, den er in der Hand hielt, mit so krampfhaftem Druck, dass ihm die Nägel in die Handfläche drangen. Dann ließ er das Papier fallen, und die heiß ersehnte Entspannung war da. Er trat erschüttert an Moltke heran, der vom Pferd gesprungen war, und umarmte ihn, Tränen in den Augen.

Ehrlos

Bei Sedan geriet General Ducrot in deutsche Gefangenschaft. Er gab auf eigenen Wunsch sein Ehrenwort, nicht zu entfliehen, und im Vertrauen auf dieses Wort eines Generals gewährte man ihm während der Verschickung nach Deutschland mehr Freiheiten als sonst den Gefangenen in solchem Falle zugestanden werden. Ducrot missbrauchte diese Liebenswürdigkeit und entfloh. Das war etwas, was sich mit Bismarcks Gefühl von Ehre und Anstand keinesfalls vereinbaren ließ.

»Wenn man solche Schurken, die ihr Ehrenwort gegeben haben, wieder in die Hände bekommt«, sagte er, »so sollte man sie in ihren roten Hosen hängen und auf das eine Bein mit großen Lettern ›Meineidig‹, auf das andere ›Ehrlos‹ schreiben. Etwas Besseres verdienen sie nicht.«

Kritik an Wilhelm Tell

Bei Tisch in Versailles kam einmal die Rede auf Wilhelm Tell, und Bismarck äußerte, dass er diesen sogenannten Helden schon als Knabe nicht habe ausstehen können. Erstens weil er auf sein eigenes Kind geschossen habe und zweitens, weil er sich durch den Schuss aus dem Hinterhalt auf Geßler zum Meuchelmörder gemacht habe.

»Natürlicher und nobler wäre es nach meinen Begriffen gewesen«, sagte Bismarck, »wenn er, statt auf den Jungen abzudrücken – den doch der beste Schütze statt des Apfels treffen konnte –, wenn er da lieber gleich den Landvogt erschossen hätte. Das wäre gerechter Zorn über eine grausame Zumutung gewesen. Das Verstecken und Auflauern gefällt mir nicht, es passt sich nicht für Helden, nicht einmal für Franktireure.«

Merkwürdiges Latein

In den Tagen vor Paris, als der Waffenstillstand bevorstand, unterhielt man sich im Hauptquartier lebhaft darüber, wie der Kaiser nach der in Aussicht genommenen Kaiserkrönung nun eigentlich heißen sollte, ›Deutscher Kaiser‹ oder ›Kaiser von Deutschland‹ oder ›Kaiser der Deutschen‹. Die Frage gab Anlass zu einer sehr hitzigen Auseinandersetzung, bei der allerlei Prinzipien erörtert wurden. Bismarck schwieg während der Debatte. Endlich fragte er ruhig:

»Weiß einer der Herren vielleicht, was auf Lateinisch Wurscht heißt?«

»Farcimentum«, erwiderte jemand.

»Gut«, sagte der Kanzler, »also: *»Nescio quid mihi magis farcimentum esset«* –, zu Deutsch: »Ich wüsste nicht, was mir mehr Wurscht wäre.«

Geschickter Gegenspieler

Im Laufe des Krieges mit Frankreich bekam Bismarck von seinem König den Auftrag, einem einfachen Soldaten, der sich durch großartige Leistungen und besondere Tapferkeit vor dem Feinde ausgezeichnet hatte, das Eiserne Kreuz Erster Klasse zu überreichen. Bismarck spürte Lust, den Mann in Versuchung zu führen und fragte ihn, ob er, falls er in ärmlichen Verhältnissen lebe, nicht lieber statt des Kreuzes ein Geschenk von hundert Talern entgegennehmen wolle. Hierauf überlegte der Soldat einen Augenblick, dann fragte er den Staatsmann, welchen Wert denn das Eiserne Kreuz besitze. Bismarck antwortete, dass es – abgesehen von seiner ideellen Bedeutung – nicht mehr als zwei Taler wert sei. »Nun«, entgegnete der Soldat, »dann bitte ich um achtundneunzig Taler und das Eiserne Kreuz.«

Bismarck war so verblüfft über die schlagfertige, schlaue, eines Diplomaten würdige Antwort, dass er dem Mann sofort mit Lachen das aushändigte, um was er gebeten hatte.

Zigarren in Versailles

Als Jules Favre Ende Januar 1871 in Versailles bei Bismarck war, um über die Kapitulation von Paris und den Frieden zu verhandeln, fuhr er bei einer Forderung, die ihm allzu übertrieben schien, unwillig auf. Bismarck bot ihm mit betont ruhiger Gebärde ein Tellerchen an, auf dem Zigarren lagen, doch lehnte der Franzose kurz ab, da er überhaupt nicht rauche.

»Das ist falsch«, meinte Bismarck, »Zigarren beruhigen eminent, und für Diplomaten sind sie eigentlich unentbehrlich. Wenn Sie nicht rauchen, so haben Sie einen Vorteil: Sie sind nüchterner und geweckter. Aber auch einen großen Nachteil: Sie brausen schneller auf, Sie geben zu eilig einer ersten Regung nach.«

Man kam dann auf Garibaldi zu sprechen, der mit einer Armee bei Dijon stand. Bismarck, der einen tiefen Groll gegen den Italiener hegte, rief erregt:

»Wir müssen dringend ersuchen, uns diesen Mann mit seinen Truppen zu überlassen! Er ist kein Franzose –, wie kann er es wagen, mit seinem aus allen Höhlen der Welt zusammengetrommelten Gesindel gegen uns Deutsche zu kämpfen? Er wird vom Waffenstillstand ausgeschlossen!«

Er schlug leidenschaftlich mit der Hand auf den Tisch, und seine Augen funkelten vor Zorn.

Da stand Graf d'Hérisson auf, der Begleiter Jules Favres, und reichte dem Kanzler lächelnd das Tellerchen mit den Zigarren. Bismarck sah den Franzosen erst verwundert an, dann verstand er ihn, und die Zornesfalten wichen von seiner Stirn.

»Sie haben recht, Herr Hauptmann«, sagte er einfach, »es hat keinen Sinn sich zu ärgern …«

Damit nahm er beruhigt eine neue Zigarre, und Graf d'Hérisson zündete sie ihm an.

Der Preis

Als die französischen Bevollmächtigten in Versailles wegen der Übergabe von Paris verhandelten, das völlig ausgehungert war und sich nach einer Erlösung aus der Bedrängnis sehnte, kam man auch auf die Kriegskontribution zu sprechen, welche die Stadt zahlen sollte. Die Franzosen boten 200 Millionen Franken.

Das war einer der Momente, wo Bismarck seine Höflichkeit und seine beißende Ironie, die beide typisch für ihn waren, zugleich spielen lassen konnte.

»O nein«, erwiderte er, »Paris ist eine zu große Persönlichkeit, als dass wir es so kleinlich behandeln könnten. Erweisen wir ihm die Ehre einer Milliarde.«

Von Franktireuren

Während der Verhandlungen mit Jules Favre vor der Übergabe von Paris sprach Bismarck von den Franktireuren und sagte, dass er diese unbesonnenen Leute jetzt und in Zukunft standrechtlich erschießen werde. Er könne nur wirkliche Soldaten als Kämpfer anerkennen, wer sonst mit den Waffen gegen Deutsche vorgehe, stelle sich damit außerhalb des Gesetzes. Favre erinnerte Bismarck an den heiligen Kampf der Freiheit, den Preußen im Jahre 1813 gegen Frankreich gepredigt habe, und an die offiziellen Aufrufe jener Zeit.

»Gewiss, ich erinnere mich jener Tatsachen gut«, entgegnete Bismarck, »aber wenn wir unsere Bäume betrachten, so erinnern wir uns auch noch jener, die Ihre Generale daran aufknüpfen ließen.«

Die Unterzeichnung

Der alte Thiers – den Bismarck einmal in einem Brief an seine Frau ›mein kleiner Freund‹ und geistreich und liebenswürdig nennt – bemühte sich noch am Schluss der Verhandlungen in Versailles, eine Fassung des Vertrages durchzusetzen, über die Bismarck staunend den Kopf schüttelte.

»Sie zerpflücken mir ja die ganze deutsche Einheit wieder!«, rief er unwillig aus.

»Aber wir haben sie ja gerade gemacht!«, meinte der kleine Franzose.

»Vielleicht«, erwiderte der Deutsche lächelnd, »übrigens glauben Sie mir, ich würde mich gern mit geringeren Garantien begnügen, wenn Sie der erbliche König von Frankreich wären. Aber wer regiert denn in fünf Jahren in diesem unzuverlässigen Land? Das wissen auch Sie mir nicht zu sagen. Der Vertrag behält die Fassung, die ich ihm gegeben habe.«

Den Franzosen blieb keine Wahl, sie mussten unterzeichnen, so schwer es ihnen auch fiel. Gleich darauf verabschiedeten sie sich und brachen auf. Thiers, den Bismarck um Entschuldigung bat, dass er seinem patriotischen Herzen so viel Weh bereiten musste, erbittert und voll Ungestüm. Jules Favre, den Bismarck längst als Komödianten erkannt hatte, in salbungsvollem Schmerz.

Vorwürfe

Der englische Botschafter Lord Russell wartete in Versailles im Vorzimmer des Kanzlers. Graf Arnim befand sich bei Bismarck, und die Konferenz dauerte eine Weile. Endlich kam Arnim heraus und gesellte sich für einen Augenblick zu dem Engländer.

»Wissen Sie«, sagte er erregt, »es ist toll, was für Manieren manche Menschen haben. Bismarck ist ein Raucher von so rücksichtsloser Art, dass es in seinem Zimmer absolut nicht auszuhalten ist. Er pafft wie eine Lokomotive, ist ganz in Wolken eingehüllt, und er erlaubt sich, ein Kraut so fürchterlicher Art zu rauchen, dass man Erstickungsanfälle bekommt. Ich habe ihn gebeten, das Fenster öffnen zu dürfen –, Sie kommen in ein Zimmer, das jetzt wenigstens einigermaßen gelüftet und erträglich ist. Good by!«

Der Engländer wurde zu Bismarck hineingebeten, und dieser sagte zornig:

»Wissen Sie, es ist toll, was für Manieren manche Leute haben. Soeben war Arnim bei mir, der Mensch ist auf eine Weise parfümiert, dass es absolut nicht auszuhalten ist. Ganze Wolken von Parfüm gehen von ihm aus. Ich war gezwungen, das Fenster zu öffnen, um wenigstens eine einigermaßen erträgliche Atmosphäre herzustellen. Bitte, setzen sie sich.«

Hier bleibt nichts weiter übrig, als – wie so oft in Fällen der Geschichte – die Frage aufzuwerfen: Was ist die historische Wahrheit?

Einzug in Paris

Als die deutschen Truppen in Paris einzogen, ritt auch Bismarck an der Spitze mit, und manche Franzosen erkannten ihn und blickten mit finsteren und drohenden Augen zu ihm empor. Der Kanzler sah es, er ritt auf einen dieser Männer zu, der eine besonders trotzige Miene zeigte, holte eine Zigarre aus dem Rock und bat freundlich um Feuer.

Schweigend, aber mit höflicher Geste, reichte der Mann dem Kanzler seine Tonpfeife aufs Pferd.

Er spricht plötzlich deutsch

Als der Kanzler nach dem Siege seine zweite Unterredung mit dem französischen Bevollmächtigten Thiers hatte, stellte er eine Forderung, die dem Franzosen allzu hart erschien, sodass dieser erregt zusammenfuhr mit den Worten: *»Mais monsieur le comte, c'est une indignité!«*, – »Aber Herr Graf, das ist eine Würdelosigkeit!«

Bismarck fuhr ruhig weiter fort, aber plötzlich nicht mehr in französischer, sondern in deutscher Sprache. Thiers hörte erstaunt zu, ohne zu wissen, was er dazu sagen sollte. Endlich meinte er: »Sie wissen sehr wohl, Herr Graf, dass ich leider kein Wort Deutsch verstehe.« Darauf erwiderte Bismarck, nun wieder auf Französisch: »Als Sie vorhin das Wort ›Würdelosigkeit‹ aussprachen, fand ich, dass ich nicht genug französisch verstehe, um dies Wort richtig aufzufassen, ich zog es daher vor, mich auf Deutsch mit Ihnen zu unterhalten, wo ich jedes Wort, das ich sage oder höre, genau zu beurteilen weiß.«

Thiers verstand Bismarcks Unwillen und gestand notgedrungen die Forderung zu, die er kurz zuvor noch als eine ›Würdelosigkeit‹ abgelehnt hatte.

Der Fürst

Am 21. März 1871, also kurz nach der Heimkehr aus dem besiegten Frankreich, wurde Bismarck vom Kaiser in den Fürstenstand erhoben. Schon einige Zeit vorher war er für diesen Tag vom Prinzen Karl zum Abendessen eingeladen, und er hatte zugesagt, obwohl er sich auf Hoffesten so wenig wie möglich sehen ließ. Aber beim Prinzen Karl handelte es sich um seinen Nachbarn in der Wilhelmstraße, und außerdem war an diesem Tag der Geburtstag der Prinzessin, der er seine Glückwünsche darzubringen wünschte. Als der Kanzler die Marmortreppe in dem Palais langsam emporstieg, erwartete ihn oben bereits der Prinz mit ausgebreiteten Armen.

»Nun, wie fühlen Sie sich als Fürst, Durchlaucht?«, fragte Prinz Karl mit lachender Miene.

»Ich danke, königliche Hoheit«, antwortete der Kanzler, »gerade so wie vorher. Ich bin mir als Herr von Bismarck schon immer ganz anständig vorgekommen und hoffe es auch in Zukunft zu bleiben.«

Der Prinz war verschnupft über diese Antwort und kehrte sich missmutig um. Bismarck wendete sich der Prinzessin zu und drückte ihr seine Glückwünsche aus. Nach einer Viertelstunde verließ er das Palais.

Als man die Szene dem alten Kaiser berichtete, hat er herzhaft darüber gelacht.

Früher als gedacht

Als die glorreichen Truppen nach der Heimkehr aus Frankreich in Berlin einzogen, äußerte Bismarck zu Roon:

»Nun sind wir früher wieder da, als ich vorausgesagt hatte.«

»Ja«, erwiderte Roon in bester Stimmung, »das ist der einzige Rechenfehler, den Sie gemacht haben.«

In Uniform

Nach dem glücklichen Ausgang des französischen Krieges kam der Kanzler nach Frankfurt, um die endgültigen Friedensverhandlungen zu leiten. Der Hausmeister des ›Hotels zum Schwan‹, in dem er wohnte, erkannte ihn nicht gleich und bat um Entschuldigung.

»Wenn Euer Durchlaucht in Uniform waren, habe ich Sie immer gleich erkannt«, sagte er.

Bismarck lachte und erwiderte:

»So ist es den Franzosen auch ergangen, lieber Freund. Sie haben uns erst erkannt, als wir Uniform anhatten.«

Eine Depesche

Während des Einzuges der bekränzten Truppen, die sich auf den Schlachtfeldern Frankreichs so glänzend geschlagen hatten, ritt Bismarck an der Spitze, zu seiner Rechten Moltke, zur Linken Roon. Kaiser Wilhelm hielt mit dem Generalstab vor dem Denkmal Blüchers in der Nähe der Oper und nahm grüßend den Vorbeimarsch ab. Kaum war Bismarck an ihm vorüber, da löste er sich von den Kolonnen, ritt auf den Kaiser zu, neigte sich zu ihm hinüber und flüsterte ihm etwas ins Ohr. Der Kaiser antwortete auf die gleiche Weise. Nun nahm der Kanzler hinter dem Kaiser beim Generalstab Platz, doch war er voll Unruhe, er rückte auf dem Sattel hin und her und blickte nervös nach rückwärts. Ein Offizier fragte ihn, ob er etwas wünsche.

»Ja«, erwiderte der Kanzler, »Papier und Bleistift.«

Der Offizier winkte einem Schutzmann zu Pferde, der mit den erbetenen Dingen aushelfen konnte.

Bismarck schrieb auf dem rechten Knie, dann faltete er das Papier zusammen, übergab es dem Schutzmann und sagte:

»Eine Depesche. Sie ist sofort zu befördern.«

Der Schutzmann grüßte und ritt eilig ab.

Die Depesche, die er in der Rocktasche trug, hatte folgenden Wortlaut:

›An den Kommandeur der deutschen Vorposten vor Paris. Falls die französischen Vorposten weiter vorgehen, sofort angreifen! Bismarck.‹

Mitten im Jubel der freudig erregten Massen saß der Kanzler voll Sorge auf seinem Pferd.

Aber die Deutschen brauchten nicht anzugreifen. Graf Waldersee, der deutsche Militärbevollmächtigte in Paris, hatte bereits Maßregeln ergriffen, dass sich die Franzosen aus ihren impulsiv vorgeschobenen Stellungen schnell wieder zurückzogen.

Der Schüler

Im Jahre 1871, nicht lange nach dem Frankfurter Frieden, empfing der Kanzler in der Wilhelmstraße den jungen Fürsten Gortschakow, den Sohn des berühmten russischen Staatsmannes, mit dem Bismarck als Gesandter in Petersburg freundschaftlich verkehrt hatte und als dessen Schüler er sich gelegentlich bezeichnet hatte. Der junge Gortschakow, der damals Attaché bei der russischen Botschaft in Berlin war, teilte dem Kanzler mit, dass er demnächst nach Petersburg fahren und dort seinen Vater sehen werde.

»Dann fragen Sie bitte Ihren Vater«, meinte Bismarck lächelnd, »ob er mit seinem Schüler zufrieden ist.«

Der junge Gortschakow übermittelte, als er in Petersburg weilte, seinem Vater diese Frage des Kanzlers.

»Ja«, meinte der alte Fürst nachdenklich, »Bismarck ist in der Tat mein Schüler – aber nur so wie Raphael der Schüler Peruginos ist.«

Die Kanonen

General von Ising hatte im deutsch-französischen Kriege einen Arm verloren. Er wurde Direktor des Zeughauses in Berlin und wusste allmählich aus dem Arsenal eine berühmte Waffensammlung zu machen.

Eines Tages, nicht lange nach Friedensschluss, kam Bismarck zu ihm und fragte:

»Sagen Sie, Herr General, was versteht man eigentlich unter ›Einige‹? Das sind doch drei oder vier, nicht wahr?«

»Gewiss«, entgegnete Ising, »aber der Begriff ist nicht so eng zu fassen, es können auch fünf oder sechs sein.«

»Gut«, erwiderte Bismarck, »der Kaiser hat mir nämlich gesagt, ich solle mir von Ihnen *einige* Kanonen für meinen Park in Schönhausen geben lassen. Haben Sie also die Güte, sechs herauszusuchen und nach Schönhausen transportieren zu lasten.«

Der General merkte zu seinem Schrecken, dass er ein Opfer der bismarckschen Diplomatie geworden war, und es blieb ihm nichts weiter übrig, als sechs Kanonen für den Kanzler bereitzustellen.

Lauter schöne Geschenke

Thiers schrieb im November 1871 einen Brief an den damaligen französischen Botschafter in London, Tissot, in dem es heißt:

›Ich sagte Herrn von Bismarck: Als Gott ihm seinen Geist verliehen habe, da habe er ihm ohne Zweifel ein sehr schönes Geschenk gemacht. Aber kein geringeres Geschenk habe er ihm gemacht, als er ihm seine Gegner von 1866 und 1870 gab. – Bismarck sagte nicht nein.‹

Kühne Beleidigung

Kurz nach der Revue von Longchamps, die dem Einzug der Truppen in Paris vorausging, trat einer der bedrohlichen Blusenmänner auf den Kanzler zu und sagte: *»V'là donc la fameuse Canaille!«*, »Da ist ja die berüchtigte Kanaille!«

»Ich hätte den Mann festnehmen lassen können«, erzählte Bismarck später, »ließ ihn aber laufen. Die Kühnheit des Menschen imponierte mir.«

Die lästigen Besucher

Lord Odo Russell, der englische Botschafter in Berlin, machte Bismarck einen Besuch im Reichskanzlerpalais. Während der Unterhaltung meinte der Botschafter:

»Durchlaucht werden gewiss ziemlich häufig von lästigen Besuchern in Anspruch genommen.«

»Leider«, meinte der Fürst, »aber es gibt auch ein Mittel, sie wieder loszuwerden.«

»Wahrhaftig?«, fragte der Lord neugierig.

»Das Probateste ist immer, wenn meine Frau erscheint und mich zu irgendeinem dringenden Geschäft abruft. Dann müssen sich die Gäste wohl oder übel auch entfernen.«

Kaum hatte er diese Worte ausgesprochen, da erschien die Fürstin in der Tür und sagte mit harmloser Miene:

»Otto, es ist höchste Zeit, dass du deine Medizin einnimmst.«

Der Botschafter war verblüfft über die wunderbar eingespielte Technik des Hauses, nahm die Angelegenheit von der heiteren Seite, lachte und verabschiedete sich.

Selbstverständlich

Im Reichskanzlerpalais trafen sich abends häufig Freunde des bismarckschen Hauses, man war zumeist im Salon der Fürstin beisammen, der Kanzler selbst pflegte ziemlich spät zu kommen, da er oft bis in den Abend hinein durch Arbeiten in Anspruch genommen war. Er gab sich dann ganz ungezwungen und äußerte sich oft auch über die höchsten Persönlichkeiten mit erstaunlichem Freimut. Als einer der Freunde ihn darauf aufmerksam machte, ob es nicht bedenklich sei, sich in Anwesenheit anderer in dieser familiären Weise gehen zu lassen, erwiderte er:

»Ich nehme von jedem Gast, der in meinem Hause verkehrt, als selbstverständlich an, dass er genau weiß, was er wiedererzählen darf und wovon er zu schweigen hat.«

Begegnung mit Richard Wagner

Bismarck und Wagner sind sich in ihrem Leben ein einziges Mal begegnet, und keiner von beiden trug Verlangen nach einer Erneuerung der Bekanntschaft. Es war damals, als Wagner eine Beihilfe des Staates zur Errichtung des Festspielhauses in Bayreuth erstrebte, also zu Anfang der Siebzigerjahre. Herr von Varnbüler, mit dem der Künstler befreundet war, vermittelte die Bekanntschaft, und Wagner wurde eines Abends in das Reichskanzlerpalais geladen. Dem Gang der Unterhaltung zwischen den beiden Männern hat niemand beigewohnt, und wir wissen nichts darüber. Einen Erfolg vermochte der Künstler jedenfalls nicht zu erzielen, und er hat später über das Fehlschlagen seiner Hoffnungen recht bittere Äußerungen getan. Bismarck, dem offenbar die Persönlichkeit Wagners fremd und unheimlich war, und mit dessen Musik er nichts anzufangen wusste, hat einmal offen seine Verwunderung über ihn ausgesprochen.

»Ich kann wirklich nicht sagen«, meinte er, »dass ich frei von Selbstbewusstsein bin. Aber ein so grenzenloses Maß von Selbstbewusstsein, wie ich es bei Wagner gefunden habe, ist mir noch bei keinem andern Deutschen vorgekommen.«

Deutsch

Im Jahre 1874 wurden zum ersten Mal Abgeordnete aus den Reichslanden Elsass-Lothringen in den Reichstag gewählt. Einige der Herren dünkten sich besonders vornehm, gebärdeten sich auffallend pariserisch und sprachen in den Wandelgängen unter sich mit Nachdruck französisch. Man kann sich denken, wie angenehm das Bismarck berührte. Einer der Lothringer trat während der Sitzung an den Kanzler heran und richtete eine Frage in französischer Sprache an ihn. Bismarck zog bedrohlich die mächtigen Brauen zusammen, sah den Frager mit strengen Augen an und sagte kurz angebunden:

»Ich verstehe Sie nicht.«

»Aber ich weiß doch, Durchlaucht«, wendete der Abgeordnete ein, »dass Sie ein ausgezeichnetes Französisch sprechen.«

»Aber nicht hier!«, antwortete der Kanzler mit energisch abweisender Bewegung –, und die Sachlage war ein für alle Mal geklärt.

Unheimliche Begebnisse

Der Kanzler liebte die folgende Geschichte zu erzählen:

»Auf unserm Gut Varzin erkrankte eines Tages meine Frau an einer Erkältung mit Fieber, und da der Hausarzt verreist war, ließen wir einen jungen Mediziner aus der Nachbarschaft kommen. Er blieb zum Essen, sprach während der Tafel dem Wein gut zu, wurde recht aufgeräumt und erzählte, dass er vor einigen Tagen nachts zu einer blutigen Rauferei geholt worden sei, bei der man einen Bauern derart zugerichtet hätte, dass sein Gehirn durch eine klaffende Wunde zutage getreten sei. Er, der Arzt, habe die Wunde mit nicht weniger als vierundzwanzig Nadeln sorgsam zugenäht, und der Bauer habe sich dank der geglückten Operation schon nach drei Tagen so gut erholt, dass er wieder zu der gewohnten Arbeit habe aufs Feld gehen können.«

Wenn Bismarck soweit erzählt hatte, pflegte er zu sagen:

»Ehe ich fortfahre, möchte ich fragen, ob sich vielleicht ein Stadtrat unter den anwesenden Herrschaften befindet. Ich könnte dann nämlich die Geschichte nicht gut zu Ende erzählen.«

Wenn alle verneint hatten, fuhr er fort:

»Der Bericht des jungen Arztes war recht merkwürdig, aber ich tat so, als ob ich nicht den mindesten Zweifel in seine Wahrheit setzte. ›Toll‹, sagte ich einfach, ›aber in Berlin ist einem Ihrer Kollegen neulich ein operativer Eingriff gelungen, der mir noch viel erstaunlicher zu sein scheint. Kommt da eines Tages ein Mann zu einem bekannten Chirurgen und erzählt ihm, dass er andauernd an den schrecklichsten Kopfschmerzen leide. ›Das ist eine Sache des Gehirns‹, sagte der Arzt mit ernster Miene, ›wir müssen nachsehen‹. Er nahm dem Patienten die Schädeldecke ab, hob das Gehirn heraus, setzte die Decke wieder auf und sagte zu seinem Schützling: ›Ich werde Ihr Gehirn in Ordnung bringen, kommen Sie bitte in zwei Tagen wieder, dann setze ich es Ihnen wieder ein, und Sie werden nie wieder über Kopfschmerzen zu klagen haben‹. Der Patient dankte und verließ seinen Wohltäter ganz erleichtert in einer wunderbar heiteren und gehobenen Stimmung. Als er sich nach zwei Tagen nicht wieder einfand, schickte der Chirurg zu ihm mit der Bitte, er möchte doch kommen, es sei höchste Zeit, dass ihm das Gehirn wieder eingesetzt werde, es fange schon ein wenig an zu riechen … Der Patient ließ ihm antworten, er danke vielmals, doch habe er sein Gehirn jetzt nicht mehr nötig, denn er sei unterdessen Stadtrat geworden …

Der junge Arzt an unserer Tafel lachte zwar über die Geschichte, doch war ihm deutlich anzumerken, dass er sich nach einer baldigen Beendigung des Essens sehnte, um sich in seinen Nachbarort zurückziehen zu können.

Er ist noch öfter bei uns gewesen, aber erstaunliche Geschichten aus seiner Praxis hat er nicht wieder erzählt.«

Ehrliche Meinung

Bismarck ließ sich in Berlin seine Stiefel bei dem Hofschuhmachermeister Breitsprecher machen, der nebenbei auch wegen seines nie versagenden Berliner Humors bekannt war.

Breitsprecher brachte dem Kanzler eines Tages ein Paar neuer Stiefel und wollte sich persönlich davon überzeugen, dass sie gut sitzen. Er wurde, da er im Palais gut bekannt war, ohne Weiteres eingelassen, und zwar in ein Zimmer, dessen in den Nebenraum führende Tür nur leicht angelehnt war. In diesem Nebenraum aber tagte zufällig inoffiziell das ganze Kabinett, und man war sich wieder einmal so ziemlich über alle Fragen außerordentlich uneinig. Bismarck brach die Sitzung schließlich unwillig ab.

Als er dann in dem Vorraum Breitsprecher sitzen sah, war er sehr erstaunt, und nachdem sich die Minister verlaufen hatten, fragte er ihn:

»Haben Sie zugehört, Breitsprecher?«

»Ick konnte doch nich anders, Durchlaucht, die Tür stand offen.«

»Und was haben Sie sich bei dem Ganzen gedacht?«

»Ick habe mir jedacht: Jetzt weiß ick janz jenau, dass Jott der Herr die Welt regiert, denn die Herren Minister bringen es nich zustande!«

Das Kissinger Attentat

Im Sommer 1874 weilte der Kanzler in Bad Kissingen, um seine angegriffene Gesundheit durch eine Brunnenkur wiederherzustellen. Als er dort am 13. Juli ausfuhr, schoss ein Böttchergeselle namens Kullmann, ein roher, gewalttätiger Mensch, die Pistole gegen ihn ab. Bismarck erhob gerade die rechte Hand zum militärischen Gruß, so verfehlte der Attentäter sein Ziel, und nur ein Knöchel an der rechten Hand des Kanzlers wurde von der Kugel gestreift.

Als Bismarck zur Abendtafel erschien, von seinen Freunden begeistert begrüßt, sagte er ruhig:

»Die Sache ist zwar nicht kurgemäß, aber das Geschäft bringt es so mit sich.«

Zurückweisung

Im Dezember 1874 zogen besonders stürmische Reichstagssitzungen herauf. In einer dieser Debatten bezeichnete ein bayerischer Abgeordneter die deutsche Politik als aggressiv und witzelte in taktloser Weise über das Attentat, das der Kissinger Kullmann im Sommer gegen den Kanzler verübt hatte. Bismarck erwiderte mit einer niederschmetternden Rede, in der er das intrigante Verhalten des Zentrums mit bitteren Worten geißelte und den Attentäter als ein Mitglied dieser Fraktion bezeichnete. »Sie mögen versuchen, den Mörder abzuschütteln«, rief er, »er wird sich dennoch an Ihren Rockschößen festhalten!«

Da ertönte aus den Reihen des Zentrums ein lautes »Pfui!« Graf Ballestrem hatte es gerufen.

Bismarck entgegnete ruhig:

» ›Pfui!‹, ist ein Ausdruck des Ekels und der Verachtung. Glauben Sie bitte nicht, dass mir diese Gefühle fremd sind. Ich bin nur zu höflich, um sie auszusprechen.«

Vertraulichkeit

Gelegentlich eines Diplomatenessens saß die Frau eines ausländischen Gesandten neben Bismarck, und es war ihr Wunsch, den Fürsten aus einem bestimmten diplomatischen Grunde für sich einzunehmen. Sie unterhielt sich höchst angeregt mit ihm, nannte ihn erst ›Durchlaucht‹, dann ›Lieber Fürst‹ und schließlich, bei vorgerückter, vom Wein beflügelter Stimmung nur noch ›Mein lieber Bismarck‹.

Der Kanzler durchschaute sie ganz genau, er sah sie mit leichtem Lächeln von der Seite an und sagte:

»Mein Vorname ist Otto, gnädige Frau.«

Vom Müdewerden

Im Jahre 1877 hatte der Kanzler, der schon ein paarmal nach dem Ruhestande verlangt hatte, infolge nervöser Störungen wieder einmal Rücktrittsgedanken und ließ ein entsprechendes Gesuch an den Kaiser gelangen. Nachdem dieser das Schreiben kopfschüttelnd gelesen hatte, schrieb er mit energisch geführter Feder nur ein einziges Wort an den Rand, das berühmt gewordene »Niemals!«

Als sich die beiden dann sahen, kam der Kaiser noch einmal auf die Absicht Bismarcks zu sprechen.

»Nein«, sagte er in entschiedenem Ton, »Sie bleiben bei mir. Denken Sie bitte daran, dass ich achtzehn Jahre älter bin als Sie –, und ich halte auch aus.«

»Das ist nicht zu verwundern«, entgegnete der Kanzler, »Majestät sind frisch, ich bin verbraucht. Das Pferd wird immer eher müde als der Reiter ...«

Er entschloss sich dennoch zu bleiben.

Beethoven

Der Kanzler hatte eine Liebe zur Musik, aber es widerstrebte ihm, zusammen mit vielen fremden Menschen in einem hellen Saal auf einem bezahlten Platz zu sitzen, er bevorzugte daher die Hausmusik. »Musik muss frei geschenkt werden wie Liebe«, lautet ein schönes Wort von ihm. Er liebte vor allem Beethoven, da spürte er eine Größe elementaren Gefühls und eine Dämonie der Leidenschaft, verwandt dem eigenen Innern. »Das ist wie das Ringen und Schluchzen eines ganzen Menschenlebens«, hat er einmal ergriffen nach Anhören der Sonate in *f-Moll* gesagt. Seine Gattin war eine hervorragende Beethovenspielerin, und er hat ihrem Vortrag oft und dankbar gelauscht.

Einmal, im Herbst, war sein Mitarbeiter Robert von Keudell, ein besonders musikalischer Mensch, der zu den Intimen des Hauses gehörte, in Friedrichsruh, und während der Kanzler an seinem Schreibtisch arbeitete, setzte sich Keudell im Musikzimmer, das ein Ende entfernt lag, an den Flügel und spielte. Er spielte Beethoven und, durch den goldenen Herbstabend beflügelt, besonders schön, sodass die Fürstin aufstand und behutsam die Türen bis zu Bismarcks Zimmer öffnete. Der Alte ließ die Arbeit ruhen und hörte voll Hingabe zu. Dann stand er auf und schritt auf leisen Sohlen in das Musikzimmer hinüber. Keudell sah im Spiegel, wie die mächtige Gestalt eine Weile im Türrahmen stehen blieb, darauf trat sie ins Zimmer ein und hinter den Spieler. Dieser konnte im Spiegel erkennen, wie der Recke die Hände hob und für einen Augenblick über des Spielers Haupt hinhielt, als wollte er ihn segnen für den Zauber seiner Hände. Ein paar Herzschläge lang überfiel Keudell ein Bangen, dann spielte er nur noch herrlicher als zuvor.

Der Kanzler war unterdessen an das Fenster getreten, er ließ sich still in einem bequemen Polsterstuhl nieder, und seine großen blauen Augen blickten in die mächtigen Baumkronen des geliebten herbstlichen Parkes, hinter denen der Feuerball der Sonne gerade zur Rüste ging.

Besuche

Der Kanzler hatte strenge Anweisung gegeben, dass jeder Besuch, auch der höchste, nicht auf gut Glück bei ihm erfolgen dürfe, sondern vorher angemeldet werden müsse. Einmal fuhr der König von Sachsen unangemeldet bei ihm in der Wilhelmstraße vor, der Diener fragte den vom Bock springenden Jäger, ob der Besuch angesagt sei, und als der König dies verneinte, bedauerte der Diener ihn nicht annehmen zu können. Der König fuhr wieder ab.

Ein Großherzog hatte um eine Unterredung gebeten, und Bismarck hatte ihn wissen lassen, dass es ihm eine Ehre sein werde, ihn um neun Uhr abends in der Reichskanzlei zu empfangen. Der Kanzler arbeitete gerade angestrengt mit dem Chef der Reichskanzlei von Tiedemann. Als die Uhr gegen neun ging, zog er seinen Interimsrock aus und ließ sich von dem Diener den Waffenrock bringen, an den er das Großkreuz des großherzoglichen Hausordens geheftet hatte. Es wurde neun Uhr, und der Großherzog kam nicht. Der Kanzler hasste jede Unpünktlichkeit, und ein Viertel nach neun klingelte er dem Diener von Neuem und forderte ihn auf, ihm den Interimsrock wieder zu bringen. Zu Tiedemann gewendet, meinte er:

»Die königliche Hoheit soll nicht glauben, dass ich länger als eine Viertelstunde auf sie gewartet habe.«

In diesem Augenblick wurden die Türen geöffnet, der Großherzog erschien und trat zu Bismarck an den Schreibtisch. Der Kanzler erhob sich.

»Ich glaubte schon, Eure königliche Hoheit würden nicht mehr kommen«, sagte er, »die Uhr ist zwanzig Minuten nach neun.«

Retter in der Not

Ein deutscher Gelehrter, der eine Professur an einer englischen Universität bekleidete, hat erzählt, wie er einmal durch den Kanzler aus Not und Lebensgefahr errettet worden ist. Der Gelehrte, ein geborener Mecklenburger, bereiste Griechenland und kam auch nach Mykenä, um die berühmten zyklopischen Mauern zu besichtigen. Er verweilte etwas zu lange bei der Betrachtung dieses archaischen Denkmals, die Dunkelheit brach schneller herein als er erwartete, und so eilte er mit schnellen Schritten dem nächsten primitiven Gasthof zu. Auf dem Wege dorthin traten zwei verwegene Gestalten aus dem Dunkel an ihn heran, verstellten ihm den Weg und fragten, wer er sei.

»Ich bin Deutscher«, antwortete der Wanderer.

»Unter welchem König?«

»Unter dem König von Preußen«, entgegnete der Mecklenburger in richtigem Instinkt, denn er sagte sich, dass der Großherzog von Mecklenburg in Griechenland kaum bekannt sein dürfte.

Nun sahen sich die beiden Griechen plötzlich erschrocken an und zogen zur Verwunderung des Professors ihre Hüte.

»Vater Bismarck!«, riefen sie staunend wie aus einem Munde, machten den Weg frei und verschwanden schnell in dem abendlichen Dunkel, aus dem sie aufgetaucht waren.

Im Besitz seiner Börse und des besten Wohlbefindens langte der Deutsche in dem ersehnten Gasthof an.

Ein bisschen Mazedonien

Während des Berliner Kongresses im Jahre 1878 fand ein gemütliches Abendessen der beteiligten Diplomaten statt, an dem, so hatte man verabredet, kein Wort über Politik gesprochen werden durfte. Der damals berühmte griechische Gesandte Rhangabé verstand es dennoch, während des Essens einem seiner wichtigsten Wünsche Nachdruck zu verleihen, und das kam so.

Man hatte auf der Speisekarte, um den internationalen Charakter des Beisammenseins zu betonen, den Gerichten allerlei Namen gegeben, die sich auf die einzelnen Länder bezogen. So führte eine Gemüseplatte den Namen ›Mazedonien‹. Als der Diener das Gericht dem griechischen Gesandten anbot, dankte dieser. Bismarck sah es und fragte über die Tafel hin:

»Warum verzichten Sie, Exzellenz? Nehmen Sie doch ein bisschen ›Mazedonien‹!«

Darauf Rhangabé, laut und allen vernehmbar: »Nur ein bisschen, Durchlaucht? Das Ganze will ich haben!«

Der Wunsch des Sultans

Im Jahre 1881 trug sich der Sultan mit der Absicht, Kaiser Wilhelm zum Chef eines türkischen Regiments zu machen und streckte in diesem Sinn einen Fühler nach Berlin aus. Bismarck berichtete dem Kaiser darüber, und dieser wurde, während er staunend zuhörte, allmählich rot wie eine Mohnblüte, in dem Gedanken, dereinst in türkischer Uniform, also mit Fez und einem krummen Janitscharensäbel, eine türkische Deputation empfangen zu müssen …

Er schüttelte befangen, aber doch sehr entschlossen den Kopf, und der Kanzler sagte dankend ab. Er ließ wissen, das Verleihen von Regimentern stamme noch aus der Zeit der Heiligen Allianz zwischen Preußen, Österreich und Russland; augenblicklich sei es auch wegen der schwebenden griechischen Frage nicht empfehlenswert; und ferner: Man habe von der gleichen liebenswürdigen Absicht schon bei einer andern Großmacht mit Bedauern Abstand nehmen müssen.

Das letzte Argument war pures Geflunker. Aber Kaiser Wilhelm dankte Gott, dass er auch in Zukunft keinen Fez aufzusetzen brauchte.

Sonderbarer Lorbeerkranz

Als sich der Kanzler wieder einmal zur Kur in Kissingen befand, gastierte im dortigen Theater der damals berühmte bayrische Komiker Konrad Dreher. Bismarck saß in der Proszeniumsloge und sah dem Stück mit ziemlich ernster Miene zu, denn er verstand von dem Dialekt so gut wie nichts. Doch hielt er getreulich aus, und als man Dreher nach Beendigung der Vorstellung einen großen Lorbeerkranz überreichte, gab Bismarck seinem Beifall stehend durch lebhaftes Händeklatschen Ausdruck. Dreher trat in einer schnellen Eingebung mit dem Lorbeerkranz an die Rampe und überreichte ihn unter begeistertem Applaudieren des Publikums mit tiefer Verbeugung dem Kanzler. Dieser gab seine ernste Miene endlich auf und nahm den Kranz voll Überraschung, aber freundlich lächelnd entgegen. Man klatschte weiter, und Bismarck bemerkte, wie die Menschen, die im Sperrsitz in seiner Nähe standen, äußerst angeregt auf die rote Schleife des Kranzes starrten und einen besonders heiteren Gesichtsausdruck zeigten. Der Kanzler hob die Schleife hoch, las den goldenen Aufdruck und brach in ein herzhaftes Lachen aus. Auf der Schleife stand:

»Dem größten Komiker Deutschlands.«

Hass

Der Kanzler litt, und mit den wachsenden Jahren immer mehr, an Schlaflosigkeit. Er begab sich abends besonders spät zur Ruhe, weil er Angst hatte vor dem langen Wachliegen im Bett. Eines Morgens, als er wieder einmal besonders schlecht geschlafen hatte und darüber klagte, fragte jemand aus seiner Umgebung, worauf das zurückzuführen sei.

»Ich habe die ganze Nacht gehasst«, antwortete er.

Der Hass war ihm so notwendig wie die Liebe, und er hat ihn mit wahrer Hingabe gepflegt. Es gab schlaflose Nächte, in denen er seine Gegner durch wohlüberdachte Rede und Gegenrede niederrang, voll glühenden Zornes und mit titanischer Leidenschaft.

»Der Hass spornt zum Leben an«, hat er gesagt, »genau wie die Liebe. Es sind zwei Dinge, die mein Loben verschönen: meine Frau und Windthorst.x Die eine ist mir vom Schicksal für die Liebe bestimmt, der andere für den Hass. Und das ist gut so.«

x Zentrum

Der Sohn als Vorbild

Graf Herbert, Bismarcks ältester Sohn, dessen der Kanzler nicht entbehren konnte, war nicht nur ein Mann außerordentlichen Fleißes, sondern auch ein Freund der Pünktlichkeit und der exakten Erledigung.

Als man in Friedrichsruh eines Tages wie gewöhnlich mit einigen Gästen zwanglos plaudernd bei Tisch saß, wurde dem Fürsten ein Telegramm überreicht. Er brach es auf und las, dann erhob er sich und ging hinaus, um es zu beantworten. Als er sich nachher wieder zu den anderen an den Tisch setzte, sagte er:

»Sie glauben vielleicht, dass es etwas besonders Dringendes war, aber das stimmt nicht. Das Telegramm kam von meinem Sohn Herbert, und wenn ich den auch nur kurze Zeit mit der Antwort warten lasse, so schickt er ungeduldig ein zweites Telegramm mit dem Vermerk ›Eilig‹. Er liebt bei allen geschäftlichen Dingen eine schnelle und klare Erledigung, und er hat recht damit. Er ist ein hervorragender Arbeiter. Wenn ich in meiner Jugend nur halb so viel getan hätte wie er, so hätte etwas Tüchtiges aus mir werden können.«

Der grobe Schweninger

Im Jahre 1882 wurde Schweninger der Arzt des Kanzlers und blieb es bis zu dessen Lebensende. Er begann seine Kur mit Salzheringen, die den Zustand des Fürsten bereits wesentlich besserten, daher der Name ›Bismarck-Heringe‹.

Schweningers altbayerische Derbheit ging besonders der Fürstin zuweilen auf die Nerven. Der Arzt hatte dem Kanzler die Einhaltung einer strengen Diät verordnet und jeden Alkohol untersagt. Besonders das Letztere ertrug Bismarck schwer und oft voll Missmut. Als er eines Tages wieder sehnlich nach einem belebenden Trunk verlangte, reichte ihm die Fürstin ein Glas Portwein, und er genoss die Erfrischung mit dankbarer Hingabe. Als dann Schweninger erschien, merkte er sofort, dass hier etwas Verbotenes geschehen war. Er eilte mit zorniger Miene zur Fürstin, blitzte sie voll Erregung an und rief in ungehemmter Grobheit:

»Wenn Sie Ihren Mann umbringen wollen, dann geben Sie ihm diesen Schnaps weiter!«

Die Fürstin erschrak, war gekränkt und verbat sich diesen Ton. Doch blieb ihr nichts weiter übrig, als sich in Zukunft den Anordnungen des Arztes mit peinlicher Sorgfalt zu fügen, zumal sie die liebende und aufopfernde Fürsorge sah, die dieser dem Kanzler bei Tag und Nacht zuteilwerden ließ; eine Fürsorge, die gute Früchte trug, denn das Befinden des Fürsten besserte sich durch Schweningers Eingreifen in erstaunlicher Weise.

Als Bismarck einmal selbst über die Derbheit des Bayern spottete, fragte ihn ein Freund, warum er denn den Grobian als Hausarzt behalte.

»Er soll bleiben«, meinte der Kanzler heiter, »denn alle Ärzte, die ich früher hatte, habe *ich* eigentlich behandelt. Er ist der Erste, der *mich* behandelt – und noch dazu mit Erfolg!«

Der Brief Victor Hugos

Zum 70. Geburtstag Bismarcks schrieb Victor der gefeierte Dichter des Franzosen, an den Kanzler den nachstehenden ungeheuerlichen Brief, in dem sich der Größenwahnsinn eines komödiantischen Menschen in seltener Vollkommenheit widerspiegelt:

Victor Hugo an Otto Bismarck.

Der Riese grüßt den Riesen, der Feind grüßt den Feind, der Freund den Freund.

Dir gilt mein tiefster Hass, denn Du hast Frankreich erniedrigt.

Ich liebe Dich, denn ich bin größer als Du.

Du hast geschwiegen, als die Glocken vom Turm meines Ruhmes zu meinem 80. Geburtstag läuteten. Ich spreche, denn die Uhr auf Deinem Schreibtisch, die Du in Frankreich gestohlen hast, weigert sich, Dir die Stunde Deines 70. Geburtstags zu verkünden.

Ich bin 80, Du 70; ich 8, Du 7; die Nullen: Das ist die gesamte Menschheit hinter uns.

Wir beide in einer Person vereint – und die Weltgeschichte stände still.

Du bist der Körper, ich der Geist; Du die Wolke, ich der Blitz; Du die Macht, ich der Ruhm.

Wer ist größer: der Sieger oder der Besiegte?

Keiner von beiden.

Der Dichter ist der Größte, denn er besingt beide. Die großen Männer sind nur das, was die Dichter aus ihnen machen.

Aber Du bist groß, denn Du kennst keine Furcht.

Darum strecke ich, der Dichter, Dir die Hand hin: Dir, dem großen Menschen.

Frankreich bebt, Deutschland bebt, Europa bebt, die ganze Welt bebt. Und nur wir beide sind groß. Gib ein Zeichen mit deinem Haupte, ich will das Gleiche tun: Und die große Einheit der Völker, der Frieden, der ewige Frieden ist da!

Victor Hugo.

Bismarcks blaue Augen werden selten so verwundert geblickt haben wie beim Lesen dieser sonderbaren Zeilen. Und man darf annehmen, dass er zum Schluss in ein befreiendes Lachen ausgebrochen ist über so viel Arroganz, so viel Eitelkeit, so viel Ruhmsucht und so viel unfreiwillige Komik.

Das Kamel

Durch Erwerbung der deutschen Besitzungen in Südwestafrika verbreitete sich das Gerücht, Bismarck habe die Absicht, dem neuen Kolonialgebiet einen Besuch abzustatten.

Einer seiner Bekannten fragte ihn, ob es wahr sei, dass er eine Reise nach den afrikanischen Besitzungen unternehmen wolle.

»Gewiss«, antwortete der Kanzler, »und zwar auf dem Kamel, das diese Nachricht erfunden hat.«

Tyras

Der Kanzler liebte unter den Hunden am meisten die deutschen Doggen, und man sah ihn auf seinen Spaziergängen fast immer in Gesellschaft von einem oder einigen dieser großen, rassigen Tiere. Sein treuester und populärster Hund hieß Tyras, er kannte seinen Herrn und dessen Gewohnheiten genau und verstand so gut wie jedes Wort, das der Kanzler sagte. Man sah die beiden oft durch die Pforte des Gartens, der sich an das Reichskanzlerpalais anschließt, in die damalige Königgrätzerstraße treten, um durch den Tiergarten zu wandern. Begab sich Bismarck in den Reichstag, so sagte er beim Verlassen der Pforte zu dem Hund nur: »Reichstag!« –, und sofort ließ Tyras betrübt den Kopf hängen, kniff den Schwanz zwischen die Beine und trottete durch den Garten zurück nach Haus …

Namen

Ein in Livland wohnender Herr mit dem seltsamen Namen Trampedang, ein begeisterter Verehrer Bismarcks, richtete, als ihm ein Sohn geboren wurde, an den Kanzler, der damals siebzig Jahre alt war, einen ehrfürchtigen Brief, in dem er den verehrten Mann um die Erlaubnis bat, seinen Sohn auf den Vornamen Bismarck taufen zu dürfen.

Schon nach einigen Tagen lief eine Antwort des Kanzlers ein, in der es hieß:

»Ihr Vorschlag, den Täufling Ihres Hauses Bismarck zu nennen, ehrt mich sehr, und ich bin gern damit einverstanden. Sollte mir trotz meines hohen Alters der Himmel einen Jungen bescheren, so werde ich nicht verfehlen, ihn – Ihre Einwilligung vorausgesetzt – auf den Namen Trampedang taufen zu lassen.«

Freund des Champagners

Der Kanzler liebte Sekt, aber es musste französischer sein, dem deutschen Schaumwein konnte er keinen Geschmack abgewinnen, auch vertrug er ihn nicht. Als er einmal bei Kaiser Wilhelm II. zu Tisch geladen war, wurde ein Champagner gereicht, der dem Kanzler höchst verdächtig vorkam. Als der Diener wieder mit der Flasche erschien, bemühte sich Bismarck, durch einen Seitenblick das Etikett zu Gesicht zu bekommen, doch misslang es ihm, da eine Serviette um die Flasche gewickelt war. Er überlegte schon, ob er den Kaiser nach dem Namen des Sektes fragen sollte, da begann dieser selbst zu erzählen, dass er bei Tisch deutschen Schaumwein zu reichen pflege, einmal aus Sparsamkeit, weil er eine große Familie habe, und dann vor allem aus Patriotismus.

Bismarck sah den jungen Kaiser lächelnd an, dann sagte er offen:

»Majestät, bei mir macht der Patriotismus kurz vor dem Magen halt.«

Schweningers Büste

An einem schönen Frühlingstag führte in München ein Dienstmann einen Bekannten vom Lande in der Stadt herum, und die beiden kamen auch vor die Universität. Der Mann wollte gern wissen, was das für Büsten seien, die da die Fassade des Gebäudes schmückten, und der Dienstmann, der natürlich keinerlei Unkenntnis verraten wollte, nannte einfach verschiedene volkstümliche Namen aus dem Reich der Münchner Gelehrtenwelt. Der Mann vom Lande nickte zufrieden, dann zeigte er auf die Büste eines unbekleideten griechischen Philosophen und fragte:

»Und wer is denn der da?«

»Das is der Doktor Schweninger.«

»Ei so, dem Bismarck sei Leibarzt. Warum hat denn der koan Rock an?«

»Woaßt, Toni«, meinte der Dienstmann, »seitdem der Schweninger den Bismarck kuriert hat, reißen sich die Leut so rabiat um ihn, dass ihm der solideste Rock dabei zugrund gehn tät; er zieht darum gar keinen mehr an …«

Die Entlassung

Der Zentrumsführer Windthorst hatte den Kanzler um eine Unterredung gebeten, und Bismarck empfing ihn am Abend des 14. März 1890 in seiner Wohnung. Dem jungen Kaiser wurde noch am gleichen Abend von seinen Freunden Bericht über diesen Besuch erstattet. Ein der Hofgesellschaft willkommener Anlass war gegeben und wurde schnell geschürt zu einer lodernden Flamme, um das Unheil heraufzuführen. Der Bericht der Höflinge war entstellend, aber er erreichte, was er bezweckte: Des Kaisers Unwille, der latent schon längst vorhanden war, wurde geweckt. Wilhelm II. schickte trotz der späten Abendstunde sofort den Chef seines Zivilkabinetts von Lucanus zu dem Alten in der Wilhelmstraße, mit dem Ersuchen, dem Kaiser unbedingt vorher Meldung zu machen, wenn er, der Kanzler, die Absicht habe, sich mit einem Abgeordneten über politische Fragen zu unterhalten. Bismarck bat Lucanus, der Majestät mitzuteilen, dass er niemand über seine Schwelle verfügen lasse.

Bereits am nächsten Morgen fuhr der Kaiser in Angriffsstimmung selbst in die Wilhelmstraße. Gegen 10 Uhr traf er unerwartet in der Wohnung des Kanzlers ein. Dieser, der gewohnheitsgemäß spät schlafen ging und sich spät erhob, lag noch im Bett. Er machte sich, so schnell er konnte, zurecht und erschien vor seinem Gebieter mit der Bitte um Entschuldigung, dass er habe warten lassen müssen.

»Was hat die Unterhandlung mit Windthorst zu bedeuten?«, fragte der Kaiser gereizt.

»Das war keine Unterhandlung, Majestät«, erwiderte der Fürst, »sondern eine vertrauliche persönliche Aussprache.«

»Ich habe ein Recht, es vorher zu erfahren, wenn Sie Verhandlungen mit Parteiführern pflegen wollen.«

»Majestät, soll ich meinen Verkehr mit Abgeordneten einer Aufsicht unterstellen? Über meine Schwelle kann ich niemand gebieten lassen.«

»Auch dann nicht, wenn ich es Ihnen als Souverän befehle?«, fragte der junge Herrscher stark erregt.

»Der Befehl meines Kaisers endet am Salon meiner Frau«, erwiderte der Alte, ohne sich beirren zu lasten.

»Bleiben Sie im Amt? Wie denken Sie darüber?«

»Ich bin bisher im Amt geblieben, da ich meinem hochseligen Herrn versprochen habe, auch seinem Enkel zu dienen. Nun ich unbequem werde, bin ich bereit mich zurückzuziehen.«

Der Kaiser grüßte, und die Unterredung war zu Ende. Ein großartiges Kapitel der deutschen Geschichte war zu Ende.

Am 20. März wurde das vom Kaiser angeforderte Entlastungsgesuch genehmigt. Der Kanzler trat ab. Er zog sich für immer zurück unter die alten Wipfel des geliebten Sachsenwaldes, in sein stilles Landhaus Friedrichsruh.

Von dem Titel ›Herzog von Lauenburg‹, der ihm bei seinem Rücktritt vom Kaiser verliehen wurde, machte er keinen Gebrauch.

Auszug

Der Auszug aus dem Reichskanzlerpalais geschah gezwungenermaßen in einer Form, die den Fürsten mit großer Bitterkeit erfüllte. Es wurde ihm nicht einmal die nötige Zeit gelassen, in Ruhe seine Sachen zu packen, was doch sonst eine Selbstverständlichkeit bei einem umziehenden Beamten ist. Der Auszug musste überhastet geschehen. Der geniale Schmied des Deutschen Reiches sollte sich so schnell entfernen wie irgend möglich, und er kam sich vor wie ein Hausdieb, den man auf die Straße setzt. Kaum war der Nachfolger, General der Infanterie von Caprivi, ernannt, so trat dieser zweite Reichskanzler auch schon mit seinen Sachen an, und Bismarck war gezwungen, vieles auf Fluren und Treppen in die Kisten zu packen, sodass mancherlei Hausrat beschädigt wurde oder auch ganz verloren ging.

Der Alte blieb äußerlich ruhig und zeigte keine Erregung gegen den Kaiser.

»Ich habe genau gewusst, dass es zwischen ihm und mir so kommen würde«, sagte er, »und nur im Interesse des Reiches habe ich auf meinem Platz so lange standgehalten. Was ich an Selbstentäußerung, an völliger Überwindung meiner Person zu leisten hatte, das weiß nur ich.«

Die alten Bäume

Als Caprivi, der neue Herr, im Reichskanzlerpalais einzog, ließ er sogleich eine Reihe der schönen alten Bäume, die im Garten standen und die Bismarck besonders liebte, niederreißen, um von den Fenstern aus einen besseren Durchblick zu gewinnen. Bismarck erfuhr davon und schrieb seine Meinung nieder:

»Mein Vertrauen in den Charakter meines Nachfolgers hat einen Stoß erlitten. Ich würde ihm manche politische Meinungsverschiedenheit eher nachsehn, als die ruchlose Zerstörung uralter Bäume.«

Die große Leidenschaft

Während eines Tischgesprächs in Friedrichsruh kam die Rede auch auf die Jagd. Jemand richtete die Frage an den Kanzler, warum er sich von dieser früher so gern geübten Leidenschaft völlig abgewendet habe.

»Mit den Leidenschaften«, antwortete der Fürst, »verhält es sich so wie mit den Forellen in meinem Teich: Eine frisst die andere auf, bis zum Schluss nur noch eine einzige dicke Forelle übrig bleibt. Bei mir sind im Laufe der Zeit alle Leidenschaften von der einen großen Leidenschaft zur Politik aufgefressen worden. Ich bin zu alt, als dass die früheren Leidenschaften noch einmal wiederkehren könnten.«

Der Verehrer aus Bayern

Fast täglich um 11 Uhr schritt der Kanzler durch die Gartenpforte von Friedrichsruh, um einen Spaziergang im Walde zu unternehmen. Meist warteten Menschen an der Pforte, die ihn sehen wollten und die wussten, dass ihnen hier die beste Gelegenheit dazu geboten war. Eines Tages traf der Alte wieder verschiedene Wartende an, er grüßte freundlich und nahm von einer jungen Amerikanerin höflich dankend einen riesigen Blumenstrauß entgegen. Dann wendete er sich an einen Lokomotivführer aus Bayern, der, die Mütze in der Hand, ihn mit seinem unverfälschten oberbayerischen Dialekt begrüßte. Bismarck gab ihm die Hand, sprach ungezwungen ein paar Worte mit ihm, und der Bayer fragte, ob er eine Bitte aussprechen dürfe. Ja, erwiderte der Kanzler. Nun sagte der Bayer, er würde gern bis an sein Lebensende ein greifbares Andenken an diese herrliche Stunde haben, wo ihm der größte Deutsche die Hand gedrückt habe, ein Andenken, das auch seine Kinder noch bewahren könnten; das wäre, wenn der Fürst ihm eine Blume aus dem schönen Strauß schenken würde, den er da im Arme halte. Bismarck suchte mit Sorgfalt sechs weiße Nelken und sechs Kornblumen heraus und schenkte sie dem Bayern, über dessen Antlitz ein Glanz des Glückes ging.

Als der Kanzler im Walde entschwunden war, meinte der Bayer zu einem Hamburger, der neben ihm stand:

»Schade, dass ich ihm nicht gesagt habe, dass ich an Bayer bin.«

»Ja, denken Sie denn, er hat das nicht gemerkt?«, entgegnete der Hamburger, »wo spricht man denn sonst noch diesen Dialekt? Übrigens hat er Ihnen ja Blumen in den bayerischen Farben geschenkt: blauweiß.«

»Jessas Maria, is dös an Zufall ...«

»An Zufall?«, meinte der Hamburger lachend, »beruhigen Sie sich, der Mann hat noch nie etwas ohne Absicht getan. Nur ging es den meisten Leuten wie Ihnen: Sie haben es nicht bemerkt.«

Tränen

Bei Tisch in Friedrichsruh meinte ein Gast, dass Lenbach es meisterlich verstanden habe, den charakteristischen Glanz in den Augen des Fürsten wiederzugeben.

»Ja«, sagte Bismarck, »mit dem Glanz hat es seine eigene Bewandtnis. Bei Kälte und anderen Gelegenheiten kommt der Glanz ins Rinnen, und es fließt mir nur allzu leicht das Wasser aus den Augen. Es ist ein Erbe meiner Vorfahren, die zu tief in den Becher geblickt haben –, nun muss ich den Trunk der Ahnen aus den Augen wiedergeben.«

Jemand bemerkte, dass sich bei Graf Herbert, dem Sohn des Kanzlers, die gleiche Erscheinung zeige.

»Gewiss«, meinte der Alte lächelnd, »ihm ist bestimmt, über die Sünden seines Vaters zu weinen …«

Der letzte Gedanke

Als die letzten Tage des Kanzlers kamen und er im Fieber lag, quälte ihn eine unerträgliche Unruhe; schwere Sorgen um sein Werk lasteten auf ihm, der ›Albdruck der Koalitionen‹, von dem er oft gesprochen, bekümmerte ihn bis in die letzten Stunden, und mitten aus dem Fieber heraus hörten die, welche um ihn waren, ihn mehrfach unter Qualen rufen:

»Deutschland! … Deutschland! …«

Der Tote

In den Abendstunden des Sonnabend – am 30. Juli 1898 – nahmen die bedenklichen Erscheinungen zu. Der Tod trat leicht und schmerzlos gegen 11 Uhr ein. Geheimrat Schweninger, der erst kurz vorher wieder eingetroffen war, suchte dem Sterbenden noch durch Linderung der Atmungsbeschwerden Hilfe zu leisten. Die letzten Worte des Fürsten waren an seine Tochter, die Gräfin Rantzau, gerichtet, welche ihm die Stirn getrocknet hatte: »Danke, mein Kind!« Am Sterbelager war die ganze fürstliche Familie versammelt … Der Fürst liegt, wie er zu schlafen pflegte, leicht mit dem Kopf nach links geneigt. Der Gesichtsausdruck ist mild und friedlich verklärt. Der Fürst wird seinem Wunsche gemäß auf der dem Schloss gegenüberliegenden Anhöhe in der Nähe der Hirschgruppe beigesetzt werden.

›Hamburger Nachrichten.‹

Bismarck-Karikaturen

aus dem
»Kladderadatsch«

Mit freundlicher Genehmigung
des Kladderadatsch-Verlages

Leichte kühlende Sommermütze für die Ferien.

Kabinetts-Frage- und Antwortspiel.

Nein, wenn ihr nicht wollt wie ich, dann spiele ich nicht mehr mit!
Aber um Himmels willen, wir wollen ja schon! Nur Hierbleiben!
Wieder mitspielen!

Der Sphinxkopf à la Bellachini.

Frage: *Wer wird Grund zum Kriege finden?* Antwort: *Nur wer mit Eifer sucht.*

Frage: *Wie lange wird uns der Frieden weilen?* Antwort: *Bis er* m i c h *langweilt!*

Diplomatisches Frühstück in Biarritz.
(Die holsteinische Frage.)

Er: *Nun, so nehmen Sie die Austern allein, und geben Sie mir dafür den Wein!*
Der Andere: *Bitte tausendmal um Entschuldigung, aber er gehört ja gerade zu den Austern.*

Reichstags Prognostikon.

Friss, Vogel, oder stirb!

Zeitungskrieg.

Die »Norddeutsche Allgemeine« rät der »Times«, doch ja ihre Nase in ihre eigenen Angelegenheiten zu stecken.

Der Reichsfrühschoppen